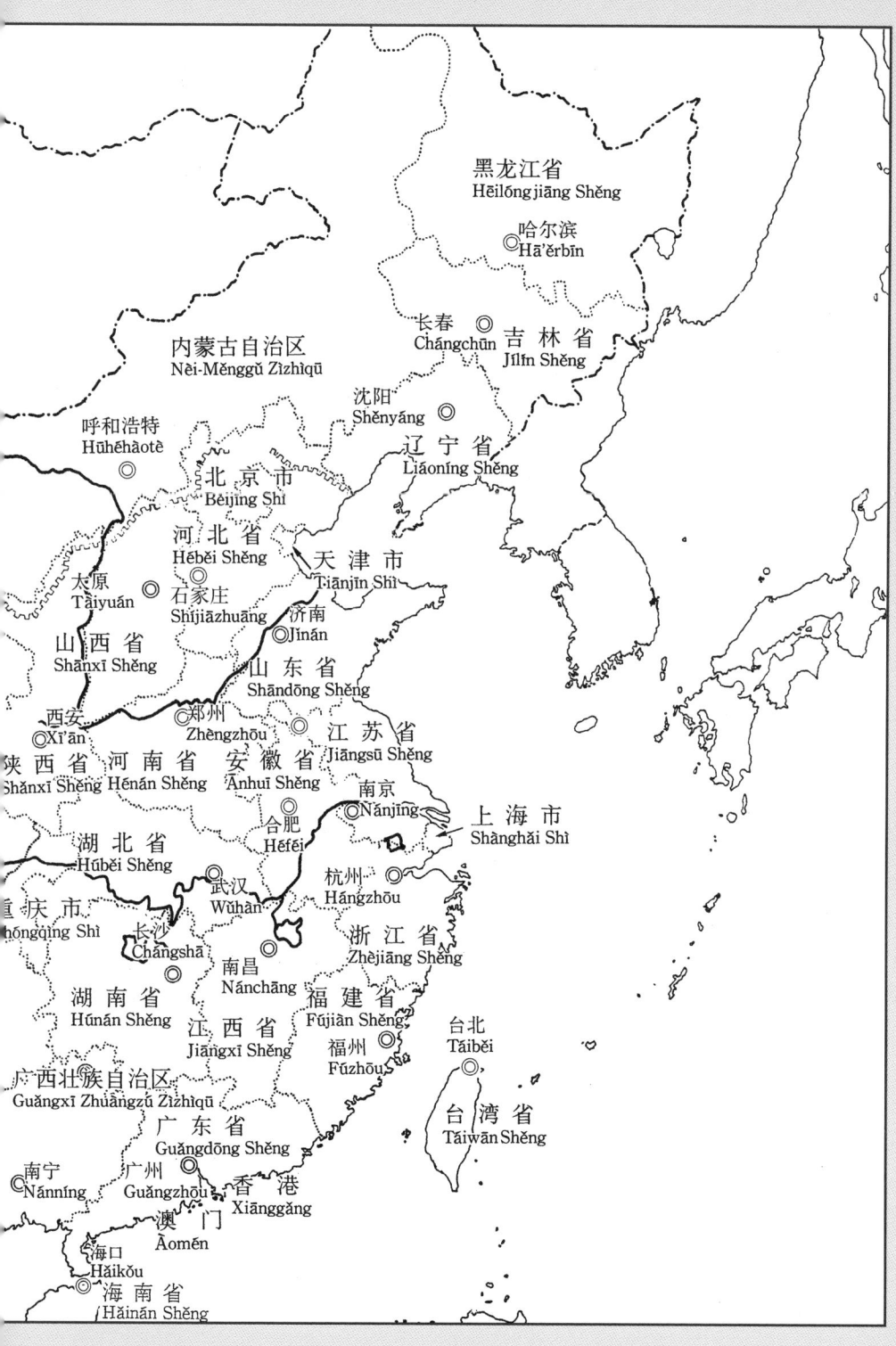

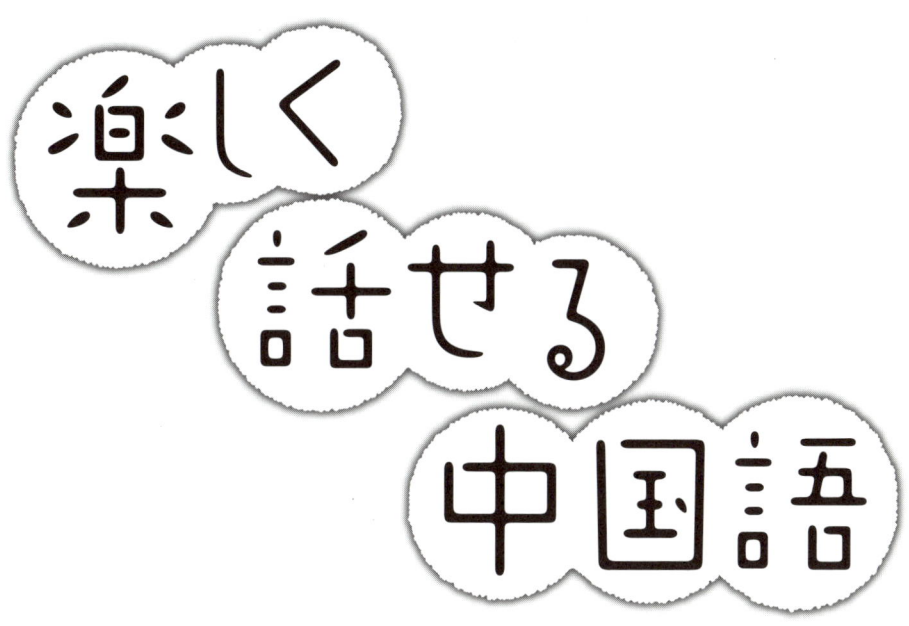

胡金定　吐山明月 著

白帝社

胡金定　中国語学習サイト　http://www.kokintei.com

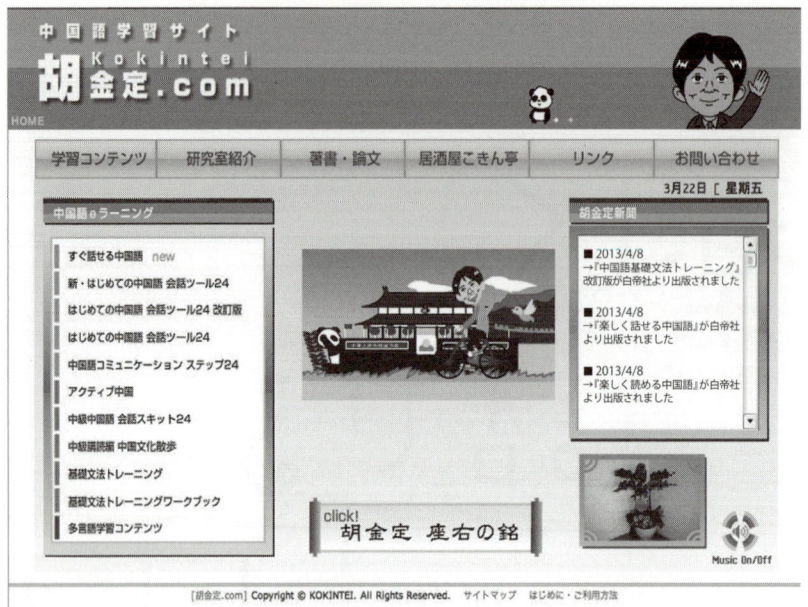

WEB 上での音声ファイルダウンロードについて

■ 『楽しく話せる中国語』の音声ファイル（MP3）を無料でダウンロードすることができます。
「白帝社」で検索，または下記サイトにアクセスしてください。
http://www.hakuteisha.co.jp/news/n45071.html
※別途ダウンロードアプリや解凍アプリ（Clipbox など）が必要です。
スマートフォンからは上記 URL を直接入力するか，右の QR コードでアクセスすることができます。

■ 本文中の 000 マークの箇所が音声ファイル（MP3）提供箇所です。ファイルは ZIP 形式で圧縮された形でダウンロードされます。
　　　吹込：凌慶成・李洵・毛興華

■ ダウンロードがご不便な場合は，実費にて CD に音声を入れてお送りします。下記までご連絡ください。
　　　㈱白帝社　電話 03-3986-3271　　E-mail：info@hakuteisha.co.jp

■ 本書と音声は著作権法で保護されています。

ご注意
＊ 音声の再生には，MP3 ファイルが再生できる機器などが別途必要です。
＊ ご使用機器，音声再生ソフトに関する技術的なご質問は，ハードメーカー，ソフトメーカーにお問い合わせください。

学習者への案内

　本テキストは，中国語を学習するにあたって「聞く・話す・読む・書く・訳す」の5技能がバランスよく伸ばせるように，大学の第2外国語として初めて「中国語」を学ぶ学習者向けに編まれた初級テキストです。授業時間では，文法説明に時間をかけないで，学習者中心，双方向でコミュニカティブな授業を実践するために，すべての例文，課文の会話文に日本語訳を付けています。また，中国語の語感を養うことを心がけて，文法は各課の最初に配置し，その次に課文の会話文を，課文の会話文の右見開き頁には課文の日本語訳を練習問題にしています。授業中に徹底して「聞く・話す・訳す」能力が身に付けられることを意図としています。中国語の検定試験によく出題される形式も採用し，検定試験にも対応できるテキストとして編集されました。

　本テキストは14の課と3つの復習と4つの付録から構成されています。大学における1年間30回の授業で十分に使える分量です。

　音声は，入門段階から中国語の独特な声調（リズム）に慣れるように，ネイティブが普通に喋るスピードで吹き込まれています。

第1課〜第4課は発音です。

　しっかりした中国語の発音をマスターしてもらうため，発音を4課に分けて，発音学習の初日から会話を楽しめ，発音⇒単音節語（1文字単語）⇒2音節語（2文字単語）⇒短い語句のように組み合わせて，会話の中で発音と声調を覚えていきます。発音の段階ではかなりの単語と語句が覚えられますので，文法を習うとき，スムーズに入れると思います。

第5課〜第14課は文法・会話・練習からなっています。

文法　基礎文法事項。各課に5つの文法を設けています。
　　　例文には日本語訳を付けて，会話の中で基本文型や語句の用法や語感を覚えます。
会話　日常生活や中国旅行や買い物など様々なテーマの会話文。各課に10〜12のセンテンスを設けて，テーマは1つ〜3つからなっています。
練習　豊富な練習問題。課文の会話を巡り，「聞く・話す・訳す」を中心に繰り返し練習することにより，聞く能力と話す能力をマスターしていきます。
復習　学習したものを段階的にまとめ，基礎固めと実力の試になっています。
　　　前の課に出た文法や表現のおさらい，読解力の確認，検定試験の模擬試験にも使えます。
付録　1．文法のまとめ。2．復習1，2，3の解答。3．第5課〜第14課の「挑戦してみよう」，復習2と復習3のⅣの聞き取り練習全文。4．語彙表。予習，復習や1年間の総復習に活用できます。

　さらに，「中国の漢字はいくつある？」「中国の行政区分名称」「中国の民族」の3つのコラムを設けて中国についての常識と知識の幅を広げます。

目　次

第 1 课　声調・単母音・複合母音 …………………………………………… 6

第 2 课　子音（1）・第三声 ……………………………………………………… 10

第 3 课　子音（2）・"不"の変調 ………………………………………………… 14

第 4 课　鼻母音・儿化音・"一"の変調 ………………………………………… 18

復習 1 ……………………………………………………………………………… 22
　　　Ⅰ．数と時間
　　　Ⅱ．声調の組み合わせ
　　　Ⅲ．表記上の注意点
　　■ 挨拶ことば ……………………………………………………………… 28
　　■ 教室用語 ………………………………………………………………… 29

第 5 课　你叫什么名字？ ………………………………………………………… 30
　　　文法　1．動詞述語文　　　　　　　＊　人称代詞
　　　　　　2．"是"
　　　　　　3．形容詞述語文
　　　　　　4．疑問文（1）
　　　　　　5．構造助詞"的"

第 6 课　你星期几有汉语课？ …………………………………………………… 36
　　　文法　1．日時の語順　　　　　　　＊　指示代詞
　　　　　　2．疑問文（2）　　　　　　　＊　量詞
　　　　　　3．"在"の用法
　　　　　　4．動詞"有"
　　　　　　5．量詞

第 7 课　你会不会唱中文歌？ ……………………………………………………… 42

  文法　1．助詞"了"　　　　　　　＊　時刻
     2．語気助詞"吧"
     3．助動詞"会"
     4．連動文
     5．選択疑問文

第 8 课　你去过中国吗？ ……………………………………………………………… 48

  文法　1．助詞"过"　　　　　　　＊　回数
     2．"快要～了"　　　　　　　＊　方位詞
     3．前置詞"离""从""到"
     4．助動詞"想"
     5．数量補語

復習 2 ……………………………………………………………………………………… 54

第 9 课　这儿可以换钱吗？ …………………………………………………………… 62

  文法　1．助動詞"要"　　　　　　　＊　方向補語
     2．"请～"
     3．助動詞"能""可以"
     4．"是～的"構文
     5．方向補語

第 10 课　请问，这附近有地铁站吗？ ………………………………………………… 68

  文法　1．助詞"着"　　　　　　　＊　結果補語
     2．二重目的語
     3．動態助詞"了"
     4．接続詞"要是"
     5．結果補語

第 11 课　让我看一下菜单 ·· 74

　　文法　1．"～，是吗？／是不是？"　　　＊　離合動詞
　　　　　2．禁止の表現
　　　　　3．兼語文
　　　　　4．動詞＋"一下"・動詞の重ね型
　　　　　5．構造助詞"得"

第 12 课　那套剪纸多少钱？ ·· 80

　　文法　1．金銭の言い方　　　　　　　　　＊　数
　　　　　2．"又～又…"
　　　　　3．比較表現
　　　　　4．"被"構文
　　　　　5．助動詞"会"

第 13 课　熊猫真可爱！ ·· 86

　　文法　1．"一～，就…"　　　　　　　　　＊　季節と天候
　　　　　2．"因为～，所以…"
　　　　　3．助詞"着"
　　　　　4．副詞"正／正在"
　　　　　5．"把"構文

第 14 课　你听得懂上海话吗？ ·· 92

　　文法　1．二つの"了"の併用　　　　　　　＊　可能補語
　　　　　2．"虽然～，但是…"
　　　　　3．"越～越…"
　　　　　4．可能補語
　　　　　5．"一点儿也（／都）"＋否定形

復習 3 ··· 98

付録1：文法のまとめ……………………………………………………………………… 104
 Ⅰ 疑問文のパターン
 Ⅱ 否定を表す"不"と"没(有)"
 Ⅲ 前置詞
 Ⅳ 助動詞
 Ⅴ 語気助詞
 Ⅵ 助詞"了"

付録2：復習1，2，3の解答………………………………………………………………… 111

付録3：第5课～第14课の「挑戦してみよう」聴き取り練習全文 ……………………… 117
 復習2のⅥと復習3のⅤ　聴き取り練習全文

付録4：語彙表……………………………………………………………………………… 119

 コラム1 中国の漢字はいくつある？ ……………………………………… 27
 コラム2 中国の行政区分名称 …………………………………………… 60
 コラム3 中国の民族………………………………………………………… 102

●表紙デザイン／本文イラスト：トミタ制作室

第1课　声調・単母音・複合母音

中国語の漢字は1文字が1音節で発音される。音節は子音＋母音，或いは母音だけで構成されている。中国語の標準語には子音が21個あり，母音が36個（単母音6個，巻舌母音1個，複合母音13個，鼻母音16個）ある。これらが組み合わさった音節は400以上になる。（付録「中国語音節表」参照）

1 声調

中国語の音節には必ず声調（音の高低）を伴う。基本的な声調は4つあり，「四声」という。そのほかに本来の声調を失って，軽く短く発音する「軽声」もある。声調によって意味が違ってくるので，正しい声調で発音することが肝心である。声調は声調符号によって示される。声調符号は母音の上につけ，「軽声」には声調符号をつけない。

1）四声

声調符号

- ˉ　第1声　mā　高く平らに伸ばし，最後まで同じ高さを保つ。
- ´　第2声　má　低めから一気に上げる。
- ˇ　第3声　mǎ　出だしを低く抑えて，最後を上げずに発音する。
　　　　　　　　ただし単独または文末になる時は最後を少し上げる。
- ˋ　第4声　mà　高い所から一気に下げる。

同じ tang でも

tāng　táng　tǎng　tàng
汤　　糖　　躺　　烫

2）軽声

「軽声」はほかの音節の後ろに来るので，前の音節の声調によって高さが違う。軽く短く発音する。

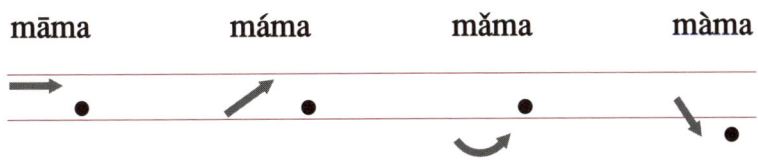

■ 声調の練習をしよう。

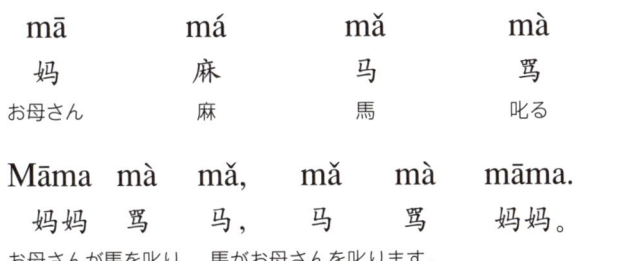

Māma mà mǎ, mǎ mà māma.
妈妈 骂 马, 马 骂 妈妈。
お母さんが馬を叱り，馬がお母さんを叱ります。

2 単母音

a o e i u ü は単独で或いは子音と組み合わさって，1つの音節を形成する。
er は巻舌母音で，単独で用いられる。

a	ā	á	ǎ	à	口を大きく開けて発音する。
o	ō	ó	ǒ	ò	日本語の「オ」より唇を丸く突き出すように発音する。
e	ē	é	ě	è	「o」の唇を緩めて，やや左右に開けて発音する。
i (yi)	yī	yí	yǐ	yì	日本語の「イ」より唇を左右に大きく引いて発音する。
u (wu)	wū	wú	wǔ	wù	日本語の「ウ」より唇を丸く突き出して発音する。
ü (yu)	yū	yú	yǔ	yù	舌の状態を「i」と同じにし，唇をやや緊張させて，横笛を吹くように突き出して発音する。
er	ēr	ér	ěr	èr	舌先を反らせて発音する。

表記　i u ü は単独で1音節になる場合に，i → yi　u → wu　ü → yu と表記する。
　　　i は上の点をとってその位置に声調符号をつける。

■ 次の語の発音を覚えよう。

	yī	èr	wǔ	yú	è
①	一	二	五	鱼	饿
	1	2	5	魚	空腹だ

	āyí	èryì	Éyǔ	yǔyī
②	阿姨	二亿	俄语	雨衣
	おばさん	2億	ロシア語	レインコート

3 複合母音

母音が2つ以上組み合わさったものを複合母音と言う。複合母音（13個）は3つの型に分けられている。

> 型	ai	ei	ao	ou	
< 型	ia(ya)	ie(ye)	ua(wa)	uo(wo)	üe(yue)
<> 型	iao(yao)	iou(you)	uai(wai)	uei(wei)	
		-iu		-ui	

表記
・( )内は母音だけで1音節になる時の表記。
・声調符号は a o e i u ü の順につける。
・iou と uei は前に子音がある時は，iou → -iu uei → -ui と表記し，声調符号を後ろの母音につける。

■ 声調の練習をしよう。

1) 前の母音をはっきり発音する。

ai	āi	ái	ǎi	ài
ei	ēi	éi	ěi	èi
ao	āo	áo	ǎo	ào
ou	ōu	óu	ǒu	òu

2) 後の母音をはっきり発音する。

ia	yā	yá	yǎ	yà
ie	yē	yé	yě	yè
ua	wā	wá	wǎ	wà
uo	wō	wó	wǒ	wò
üe	yuē	yué	yuě	yuè

3) 真ん中の母音をはっきり発音する。

iao	yāo	yáo	yǎo	yào
iou	yōu	yóu	yǒu	yòu
uai	wāi	wái	wǎi	wài
uei	wēi	wéi	wěi	wèi

■ 次の語句の発音を覚えよう。

①
wǒ	yě	ài	yuè	yào	yǒu
我	也	爱	月	要	有
私	も	好きだ	～月	要る	ある・いる

②
yīyuè	èryuè	wǔyuè
一月	二月	五月
1月	2月	5月

③
Wǒ yào.	Wǒ yào yú.
我 要。	我 要 鱼。
私はほしいです。	私は魚を注文します。

4 確認テスト

1 次の語にピンインをつけて，発音しなさい。

( )　　( )　　( )　　( )　　( )
1) 一　　2) 二　　3) 五　　4) 鱼　　5) 我

( )　　( )　　( )　　( )　　( )
6) 也　　7) 要　　8) 有　　9) 爱　　10) 月

2 録音を聞いて声調符号をつけなさい。

1) er　　2) yi　　3) wu　　4) wo　　5) wai

6) yu　　7) ye　　8) yue　　9) yao　　10) you

第2课　子音(1)・第三声

1 子音 (1)

子音は全部で21あり，いずれも音節の頭につく。

	無気音	有気音			
唇音	b (o)	p (o)	m (o)	f (o)	
舌尖音	d (e)	t (e)	n (e)		l (e)
舌根音	g (e)	k (e)		h (e)	
舌面音	j (i)	q (i)		x (i)	
そり舌音	zh (i)	ch (i)		sh (i)	r (i)
舌歯音	z (i)	c (i)		s (i)	

＊(　)内は練習用の母音

無気音は息を抑えて出し，有気音は息を強く吐き出す。

　　　　　無気音　b＋o　　　　　　有気音　p＋o

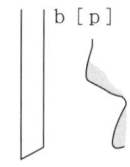　　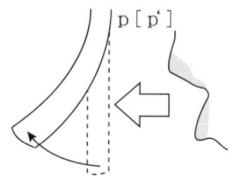

1) 唇音　b p m f

bは無気音で，pは有気音である。fは上の歯を軽く下唇にあて，発音する。

　　bo　　po　　mo　　fo

■ 次の語句の発音を覚えよう。

	bā	bà	pà	mā	bù
①	八	爸	怕	妈	不
	8	お父さん	怖い	お母さん	いいえ

	bàba	māma	fùmǔ	mèimei
②	爸爸	妈妈	父母	妹妹
	お父さん	お母さん	両親	妹

　　　　Bāyuè ma?　　　　Bù, èryuè.
③　　八月　吗*？　　——不，二月。　　　　　＊"ma 吗"は助詞で，疑問の語
　　　　8月ですか。　　　いいえ，2月です。　　　　　気を表す。

　　　　Pà ma?　　　　　Bú* pà.
　　　　怕　吗？　　　　——不　怕。　　　　　　　　＊"bù 不"の変調
　　　　怖いですか？　　　怖くありません。　　　　　　　後に第4声が来る時に"bù 不"
　　　　　　　　　　　　　　　　　　　　　　　　　　は第2声"bú"になる。

2) 舌尖音　d t n l

舌の先を上の歯茎につけ，発音する。d は無気音で，t は有気音である。

　　　de　　　te　　　ne　　　le

■ 次の語句の発音を覚えよう。

　　　dà　　　tā　　　nǐ　　　lèi　　　lái　　　liù
①　　大　　　他　　　你　　　累　　　来　　　六
　　　大きい　　彼　　　あなた　　疲れる　　来る　　6

　　　dìdi　　　liùyuè　　　bú lèi　　　nǚ'ér*
②　　弟弟　　　六月　　　　不 累　　　女儿　　　　＊"'"は音節隔音符号で，音節
　　　弟　　　　6月　　　　疲れていない　娘　　　　　間で母音が続く場合につける。

　　　Wǒ lái. Nǐ ne?　　　　Wǒ bù lái.
③　　我 来。你 呢？　　——我 不* 来。　　　　　　＊"不～"は否定を表す。
　　　僕は来ます。君は？　　私は来ません。

　　　Lèi bu lèi?　　　　　Lèi.
　　　累 不 累？*　　　——累。　　　　　　　　　　＊肯定形＋否定形は疑問文にな
　　　疲れていますか。　　　疲れています。　　　　　　　る。"～ bu 不～"は軽声で発
　　　　　　　　　　　　　　　　　　　　　　　　　　音する。

3) 舌根音　g k h

g は無気音で，k は有気音である。h はハーっと息を吐く時の感じで発音する。

　　　ge　　　ke　　　he

■ 次の語句の発音を覚えよう。

	gē	kè	hē	hǎo	gěi
①	歌	课	喝	好	给
	歌	授業	飲む	よい	あげる・くれる

	gēge	méi kè	kāfēi	hǎohē
②	哥哥	没课	咖啡	好喝
	お兄さん	授業がない	コーヒー	（飲み物が）美味しい

③ Kāfēi hǎohē ma? ——Hǎohē.
咖啡 好喝 吗? ——好喝。
コーヒーは美味しいですか。　美味しいです。

Nǐ hē ma? ——Wǒ hē.
你 喝 吗? ——我 喝。
飲みますか。　飲みます。

2 第三声

出だしを低く抑えて，最後を上げずに発音するのがポイントである。
第3声＋第3声は**第2声＋第3声**に変調し，声調表記は変わらない。

■ 声調の練習をしよう。

第3声＋第1声

Wǒ hē.	hǎohē	kǎoyā
我 喝。	好喝	烤鸭
私が飲みます。	（飲み物が）美味しい	北京ダック

第3声＋第2声

Wǒ lái.	Měiguó	lǚyóu
我 来。	美国	旅游
私が来ます。	アメリカ	旅行する

第2課

第3声＋第4声

Wǒ yào.	kě'ài	lǐwù
我 要。	可爱	礼物
私が要ります。	可愛い	プレゼント

第3声＋軽声

Wǒ de.	nǎinai	lǎolao
我 的。	奶奶	姥姥
私のです。	（父方の）お祖母さん	（母方の）お祖母さん

第3声＋第3声→ 第2声＋第3声

Nǐ hǎo!	yǔfǎ	Fǎyǔ
你 好！	语法	法语
こんにちは。	文法	フランス語

3 確認テスト

1 次の語にピンインをつけて，発音しなさい。　20

( )　　( )　　( )　　( )　　( )
1) 六　　2) 八　　3) 你　　4) 他　　5) 来

( )　　( )　　( )　　( )　　( )
6) 不　　7) 大　　8) 累　　9) 喝　　10) 课

( )　　( )　　( )　　( )　　( )
11) 爸爸　12) 妈妈　13) 哥哥　14) 弟弟　15) 妹妹

2 録音を聞いて声調符号をつけなさい。　21

1) pa　　2) ba　　3) mai　　4) lai　　5) nü

6) hui　　7) gei　　8) gao　　9) he　　10) liu

第3课　子音（2）・"不"の変調

1 子音（2）

1）舌面音　j q x

j は無気音で，q は有気音である。x は日本語の「シ」の発音に近い。

ji	qi	xi
ju	qu	xu
jue	que	xue

"i"[i] は唇を左右に引いてはっきり発音する。

表記　ü は j q x と組み合わさる場合，u と表記する。

■次の語句の発音を覚えよう。

	jǐ	qī	xǐ	jiǔ	qù	xué
①	几	七	洗	九	去	学
	いくつ	7	洗う	9	行く	学ぶ

	jiějie	jiǔ hào	méi qù	xuéxiào
②	姐姐	九号	没去	学校
	お姉さん	9日	行かなかった	学校

③　Jǐ yuè jǐ hào?　　Jiǔyuè qī hào.
　　几月几号？　——九月　七号。
　　何月何日ですか。　9月7日です。

　　Nǐ qù ma?　　Wǒ bú qù.
　　你去吗？　——我　不去。
　　あなたは行きますか。　私は行きません。

2）そり舌音　zh ch sh r

　zh は無気音で，ch は有気音である。舌先を立て上の歯茎よりやや奥のあたりまでそらして，上あごに押し付け，息をその間から摩擦させながら出す。
　sh　r は舌先を立て上の歯茎よりやや奥のあたりに近づけ，息をその間から摩擦させながら発音する。

zhi chi shi ri　　"i"［ı］は唇を左右に引かないで自然に発音する

zhi chi　　　　　shi　　　　　ri

■ 次の語句の発音を覚えよう。

	zhè	chī	shí	chá	shéi	rè
①	这	吃	十	茶	谁	热
	これ	食べる	10	お茶	誰	暑い

	zhèli	qīshí	hǎochī	hē chá
②	这里	七十	好吃	喝 茶
	ここ・そこ	70	美味しい	お茶を飲む

③　Zhè shì shéi de?　　　Bù zhīdào.
　　这 是 谁 的?　　——不 知 道。
　　これは誰のですか。　　知りません。

　　Hǎochī ma?　　　　Bù hǎochī.
　　好吃 吗?　　　　——不 好吃。
　　美味しいですか　　　美味しくありません。

3) 舌歯音　z c s

　z は無気音で，c は有気音である。舌先を上歯の裏側に押し付け，息を舌先と歯とのすき間から摩擦させながら発音する。

zi　ci　si　　　"i"［ı］は唇をやや平らにして発音する。

■ 次の語句の発音を覚えよう。

	zì	cì	sì	zài	cài	suì
①	字	次	四	在	菜	岁
	字	～回	4	いる・～で	料理	～歳

	zázhì	sì cì	shí suì	zuò cài
②	杂志	四次	十岁	做菜
	雑誌	4回	10歳	料理を作る

	Jǐ cì?		Sì cì.
③	几次？	──	四次。
	何回ですか。		4回です。

	Nà shì zázhì ma?	Bú shì.
	那 是 杂志 吗？	──不 是。
	あれは雑誌ですか。	違います。

2 "不"の変調

"不 bù"は後に第1声，第2声，第3声が続く場合に変調されない。後に第4声が続く時には，第2声"bú"に変わる。"～不～"の場合は軽声"bu"になる。

■ 声調の練習をしよう。

bù chī	bù hē	bù hē chá
不 吃	不 喝	不 喝 茶
食べない	飲まない	お茶を飲まない

bù lái	bù huá	bù huáxuě
不 来	不 滑	不 滑雪
来ない	滑らない	スキーをしない

bù shǎo	bù hǎo	bù hǎochī
不 少	不 好	不 好吃
少なくない	よくない	美味しくない

bú lèi	bú pà	bú pà rè
不 累	不 怕	不 怕 热
疲れていない	怖くない	暑さに強い

Qù bu qù?	Bú qù.
去 不 去？	──不 去。
行きますか。	行きません。

第3課

Rè bu rè?   Bú rè.
热 不 热？ ——不 热。
暑いですか。　　　暑くありません。

3 確認テスト

1 次の語句にピンインをつけて，発音しなさい。

( ) ( ) ( ) ( ) ( )
1) 四　　2) 七　　3) 九　　4) 十　　5) 几

( ) ( ) ( ) ( ) ( )
6) 去　　7) 吃　　8) 谁　　9) 在　　10) 次

( ) ( ) ( ) ( ) ( )
11) 姐姐　12) 学校　13) 好吃　14) 喝茶　15) 十岁

2 録音を聞いて声調符号をつけなさい。

1) jiu　　2) xue　　3) re　　4) shi　　5) sui

6) cha　　7) cai　　8) ji　　9) zuo　　10) jiao

第4课　鼻母音・儿化音・"一"の変調

1 鼻母音

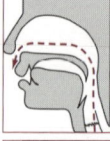
-n　発声してから舌先を上歯茎につけて鼻から息を出す。
日本語の「あんない案内」の「ん」と同じ要領。

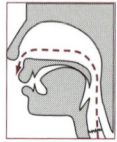
-ng　舌の付け根を持ち上げて，軟口蓋につけて鼻から息を出す。
日本語の「あんがい案外」の「ん」と同じ要領。

an	ang	en	eng	ong
-ian (yan)	-iang (yang)	-in (yin)	-ing (ying)	-iong (yong)
-uan (wan)	-uang (wang)	uen -un (wen)	-ueng (weng)	
-üan (yuan)		-ün (yun)		

表記
・（　）内は母音だけで1音節になる時の表記。
・in ing は単独で1音節になる場合は，in → **yin**　ing → **ying** と表記する。
・uen の前に子音が付く時は，uen → -un と e を省略して表記する。

1)

an	ang			
-ian	-iang	-uan	-uang	-üan
yan	yang	wan	wang	yuan

■次の語句の発音を覚えよう。

	sān	máng	diǎn	tiān	liǎng	yuǎn
①	三	忙	点	天	两	远
	3	忙しい	～時	空・～日間	ふたつ	遠い

	sān diǎn	liǎng tiān	xǐhuan	Hànyǔ
②	三点	两天	喜欢	汉语
	3時	2日間	好む	中国語

	Nǐ máng bu máng?	Wǒ bù máng.
③	你 忙 不 忙？	——我 不 忙。
	お忙しいですか。	忙しくありません。

	Xiànzài jǐ diǎn?	Liǎng diǎn bàn.
	现在 几 点？	——两 点 半。
	いま何時ですか。	2時半です。

2)

en　　eng

-in　　-ing　　-un　　-ueng　　-ün

yin　　ying　　wen　　weng　　yun

■ 次の語句の発音を覚えよう。

	běn	děng	xìn	tīng	qǐng	chūn
①	本	等	信	听	请	春
	冊	待つ	手紙	聞く	どうぞ	春

	Rìběn	jīntiān	xīngqī	chūntiān
②	日本	今天	星期	春天
	日本	今日	曜日	春

	Jīntiān xīngqī jǐ?	Xīngqīsān.
③	今天 星期 几？	——星期三。
	今日は何曜日ですか。	水曜日です。

	Qǐng hē chá!	Xièxie.
	请 喝 茶！	——谢谢。
	お茶をどうぞ。	ありがとうございます。

3)

ong　　-iong

　　　　yong

■ 次の語句の発音を覚えよう。

	hóng	kòng	zhōng	yòng	xióng
①	红	空	中	用	熊
	赤い	暇	中	使う	熊

	Zhōngguó	hóngchá	gōngzuò	xióngmāo
②	中国	红茶	工作	熊猫
	中国	紅茶	働く	パンダ

③ Qǐng yòng Hànyǔ shuō!
　请 用 汉语 说！
　どうぞ中国語で話してください。

Nǐ yǒu kòng ma?　　Wǒ méi kòng.
你 有 空 吗？——我 没 空。
暇がありますか。　　暇がありません。

2　儿化音「-r」

接尾辞"儿 -r"は独立した音節を持たず，前の音節と一緒になって1音節で発音される。

■ 次の語の発音を覚えよう。

zhèr	nàr	nǎr	（変化なし）
这儿	那儿	哪儿	
ここ	あそこ	どこ	

yíkuàir	yíhuìr		（-i 脱落）
一块儿	一会儿		
一緒に	しばらく		

yìdiǎnr	wánr		（-n 脱落）
一点儿	玩儿		
少し	遊ぶ		

kòngr	diànyǐngr		（鼻音化）
空儿	电影儿		
暇	映画		

3 "一"の変調

"一 yī"は，"一"で終わる数字の場合や序数を示す時には第一声のままで発音する。第1声，第2声，第3声の前に来ると，第4声 "yì" に変わり，第4声の前に来ると，第2声 "yí" に変わる。単音節動詞の重ね型表現では軽声 "yi" になる。

■ 声調の練習をしよう。

shíyī	xīngqīyī	yīyuè yī hào		
十一	星期一	一月 一号		
11	月曜日	1月1日		

yì tiān	yì nián	yì běn	yí cì	kàn yi kàn
一天	一年	一本	一次	看一看
1日間	1年	1冊	1回	ちょっと見る

4 確認テスト

1 次の語にピンインをつけて，発音しなさい。

( )　( )　( )　( )　( )
1) 三　　2) 两　　3) 天　　4) 点　　5) 忙

( )　( )　( )　( )　( )
6) 本　　7) 听　　8) 请　　9) 中　　10) 红

( )　( )　( )　( )　( )
11) 日本　12) 中国　13) 汉语　14) 今天　15) 星期

2 録音を聞いて声調符号をつけなさい。

1) dian　2) tian　3) ban　4) yuan　5) xin

6) ting　7) kan　8) xian　9) chuan　10) nar

復習 1

I 数と時間

yī	èr	sān	sì	wǔ
一	二	三	四	五

liù	qī	bā	jiǔ	shí
六	七	八	九	十

● 電話番号

líng jiǔ líng-bā qī liù wǔ-sì sān èr yāo*
090 － 8765 － 4321 　　　*番号の"1"は"yāo"とも発音する。

● 年月日

yī jiǔ sì jiǔ nián shíyuè yī rì
一九四九年十月一日

yīyuè	èryuè	sānyuè	sìyuè	wǔyuè	liùyuè
一月	二月	三月	四月	五月	六月
1月	2月	3月	4月	5月	6月

qīyuè	bāyuè	jiǔyuè	shíyuè	shíyīyuè	shí'èryuè
七月	八月	九月	十月	十一月	十二月
7月	8月	9月	10月	11月	12月

shàng ge yuè	zhèige yuè	xià ge yuè　èrshibā hào*
上　个　月	这个月	下　个　月　二十八　号
先月	今月	来月の28日

*「〜日」は話言葉で"〜号 hào"を用いる。

	Nǐ de shēngrì shì jǐ yuè jǐ hào?	お誕生日は何月何日ですか。
A:	你 的 生日 是 几 月 几 号？	
B:	Wǒ de shēngrì shì shíyīyuè bā hào. 我 的 生日 是 十一月 八 号。	私の誕生日は11月8日です。

● 曜日

xīngqīyī	xīngqī'èr	xīngqīsān	xīngqīsì	xīngqīwǔ
星期一	星期二	星期三	星期四	星期五
月曜日	火曜日	水曜日	木曜日	金曜日

xīngqīliù	xīngqītiān(xīngqīrì)	xīngqī jǐ
星期六	星期天（星期日）	星期 几
土曜日	日曜日	何曜日

shàng(ge) xīngqī	zhèige xīngqīsì	xià(ge) xīngqīyī
上（个） 星期	这个 星期四	下（个） 星期一
先週	今週の木曜日	来週の月曜日

● 時間

zǎoshang	shàngwǔ	zhōngwǔ	xiàwǔ	wǎnshang
早上	上午	中午	下午	晚上
朝	午前	昼	午後	夜

qiántiān	zuótiān	jīntiān	míngtiān	hòutiān
前天	昨天	今天	明天	后天
一昨日	昨日	今日	明日	明後日

qiánnián	qùnián	jīnnián	míngnián	hòunián
前年	去年	今年	明年	后年
一昨年	去年	今年	来年	再来年

Ⅱ 声調の組み合わせ

	＋第1声	＋第2声	＋第3声	＋第4声	＋軽声
第1声	yīnghuā 櫻花 桜の花	huāchá 花茶 ジャスミン茶	chūnjuǎn 春卷 春巻き	jīdàn 鸡蛋 卵	bāozi 包子 まんじゅう
第2声	méihuā 梅花 梅花	hóngchá 红茶 紅茶	píngguǒ 苹果 リンゴ	báicài 白菜 白菜	táozi 桃子 モモ
第3声	kǎoyā 烤鸭 北京ダック	cǎoméi 草莓 イチゴ	shuǐguǒ 水果 果物	tǔdòu 土豆 ジャガイモ	jiǎozi 饺子 餃子
第4声	shòusī 寿司 お寿司	fàntuán 饭团 おにぎり	qìshuǐ 汽水 炭酸飲料	dàsuàn 大蒜 ニンニク	zòngzi 粽子 ちまき

III 表記上の注意点

[1] 声調符号の付け方

母音の上につける。

❶ 母音が１つのときはその上に。　　　　　　　　　gē 歌（歌）

❷ i は上の点をとってから。　　　　　　　　　　　xìn 信（手紙）

❸ 母音が２つ以上のときに a があれば a の上に，　　māo 猫（猫）
　a がなければ o または e の上に。　　　　　　　　gǒu 狗（犬）　　hēi 黑（黒い）

❹ iu, ui は後の母音に。　　　　　　　　　　　　　jiǔ 酒（酒）　　huì 会（会議）

[2] つづりの規則

1. i　u　ü

❶ 単独で１音節になる場合　　　i → yī　　　u → wǔ　　　ü → yú
　　　　　　　　　　　　　　　　一（1）　　五（5）　　　鱼（魚）

❷ 音節の頭文字となる場合　　　ie → yě　　uo → wǒ　　　üe → yuè
　　　　　　　　　　　　　　　　也（も）　　我（私）　　　月（～月）

2. in　ing

単独で１音節になる場合　　　　in → yín　　　ing → yìng
　　　　　　　　　　　　　　　银（銀）　　　硬（硬い）

3. ü　üe　üan　ün

子音 j q x と組合わさる場合は，ü は u と表記する。

　q+ü → qù　　　x+üe → xué　　　q+üan → qúan　　　j+ün → jūn
　　去（行く）　　　学（学ぶ）　　　全（全部）　　　　軍（軍）

4. iou　uei　uen

前に子音があるときは，o と e が消える。

　j+iou → jiǔ　　　sh+uei → shuí　　　ch+uen → chūn
　　九（9）　　　　谁（誰）　　　　　春（春）

5. 音節隔音符号 " ' "

音節間で母音が続いて音節の切れ目が分かりにくい場合，" ' " で区切る。

　shí'èr　　　wǎn'ān　　　　　　　nǚ'ér
　十二（12）　晩安（お休みなさい）　女儿（娘）

確認テスト

1 発音を聞いて，読まれた方の音節に○をつけなさい。

1) ① rì　　② lì　　　　2) ① rè　　② lè
3) ① yǐ　　② yě　　　　4) ① sì　　② shì
5) ① měi　② mǎi　　　 6) ① miàn　② màn
7) ① yóu　② yáo　　　 8) ① jiǔ　② jiǎo
9) ① dāo　② duō　　　10) ① qù　② qi
11) ① jiē　② jiā　　　12) ① fán　② huán
13) ① wǔ　② wǒ　　　14) ① cōng　② kōng
15) ① fēn　② fēng　　16) ① chì　② cì

2 発音を聞いて，声調符号をつけなさい。

miantiao　　　　　sanmingzhi　　　　wulongcha

1) 面条　　　　　2) 三明治　　　　　3) 乌龙茶

xiangjiao　　　　　pingguo　　　　　caomei

4) 香蕉　　　　　5) 苹果　　　　　6) 草莓

3 二つの数字を聞いて，その和を書きなさい。

例:「3 + 5 sān jiā wǔ」を聞いて，「8」と書く。
　　　（加）

1)　　　2)　　　3)　　　4)　　　5)

6)　　　7)　　　8)　　　9)　　　10)

中国の漢字はいくつある？

コラム１

　この質問に正解を出すのは非常に難しい。義務教育の普及，パソコンによる文章作成及びネット通信などの電子ツールの発達により，使用する漢字の数や書体の標準化も推進され，1988年，中国国家語言文字工作委員会，国家教育委員会が作成した「現代漢語常用字表」によると，2,500字を常用漢字として規制されています。また，その次に使用頻度の高い「準常用漢字」として1,000字が設けられています。両方を合わせると，3,500字になります。言い換えれば，3,500字をマスターすれば，中国社会での日常生活の読み書きには不自由しないことになります。

　中国では小学校で約2,500字の常用漢字を学習しなければなりません。更に中学校では1,000字の準常用漢字を習うのです。これで中国の義務教育の9年間で習った漢字で一般的な新聞，雑誌，書籍の閲読能力が備えられるようになりますが，専門的な出版物や辞書編集，漢字の情報処理なら，もっと漢字数が必要になってきます。そのため，中国では「当用漢字」という枠を設けています。1988年に出版された「現代漢語通用字表」に収録されている「当用漢字」は7,000字です。

　中国の漢字数は時代によって，変化しています。古今の漢字字典に収録されている漢字数を調べてみると，東漢（後漢）の「説文解字」が9,353字，宋代の「集韻」が53,525字，清代の「康熙字典」が47,035字，現代の「漢語大字典」（2010年版）が60,370字ですが，最も多いのは，1994年に出版された「中華字海」（出版社：中華書局，中国友誼出版公司）で85,568字が収録されています。

　参考までに代表的な何冊かの書物に使用されている漢字数を挙げると，『毛沢東選集』（全5巻）は約3,150字，孫文の『三民主義』は2,134字，老舎の『駱駝祥子』は2,413字，『三字経』，『百家姓』，『千字文』などの古典は約2,000字です。

　日本でも「常用漢字」という枠を設けています。「常用漢字表」によると，日本の常用漢字は2,136字です。以上「人民網日本語版」を参考にまとめました。

　「爨底下村」という村は北京市門頭溝斎堂鎮西3キロに在り，清の時代の北京四合院住宅が集中し，現在でも保存状態のいい76棟が残っている村です。中国映画「投名状」で有名になってから，国内外の中国古典探訪観光客が殺到しましたが，村の入り口にある「爨」という漢字が読めなくて，更に話題になりました。

　日本語の音読は「サン」，訓読は「かしぐ，かまど」です。「かしぐ」は「ご飯をたく」，または「かまど」，「ご飯をたくかまど」です。「爨婦（さんぷ）」は「飯炊き女」です。この漢字は難しくて，面白い文字です。北京旅行に行ったら，ぜひ爨底下村へ足を運んでいただきたいです。爨底下村の清の時代の北京四合院住宅文化を堪能してください。

挨拶ことば

1. Nǐ hǎo! /Nín hǎo!	你好！／您好！	こんにちは。
2. Zǎoshang hǎo!	早上好！	おはようございます。
3. Wǎnshang hǎo!	晚上好！	こんばんは。
4. Hǎojiǔ bú jiàn le.	好久不见了。	お久しぶりです。
5. Nǐ shēntǐ hǎo ma?	你身体好吗?	お元気ですか。
6. Nǐ hǎo ma?	你好吗?	お元気ですか。
——Wǒ hěn hǎo	——我很好。	——元気です。
7. Xièxie!	谢谢！	ありがとうございます。
——Bú xiè.	——不谢。	——どういたしまして。
8. Zuìjìn máng ma?	最近忙吗?	近頃お忙しいですか。
——Hái kěyǐ.	——还可以。	——まあまあです。
9. Máfan nín le.	麻烦您了。	お手数をおかけしました。
——Bú kèqi.	——不客气。	——どういたしまして。
10. Dǎjiǎo nín le.	打搅您了。	お邪魔いたしました。
——Nǎli, nǎli.	——哪里，哪里。	——とんでもない。
11. Ràng nǐ jiǔ děng le.	让你久等了。	お待たせしました。
——Méi shénme.	——没什么。	——どういたしまして。
12. Duìbuqǐ.	对不起。	すみません。
——Méi guānxi.	——没关系。	——どういたしまして。
13. Míngtiān jiàn!	明天见！	また明日。
——Zàijiàn!	——再见！	——さようなら。
14. Chūcì jiànmiàn, qǐng duō guānzhào.	初次见面，请多关照。	はじめまして、よろしくお願いします。
——Bú kèqi.	——不客气。	——恐れ入ります。

教室用語

● 復習1

1. Dàjiā hǎo!
   大家 好! 　　　　　　　　　　皆さん，こんにちは。

   Lǎoshī hǎo!
   老师 好! 　　　　　　　　　　先生，こんにちは。

2. Xiànzài kāishǐ shàngkè.
   现在 开始 上课。　　　　　　いまから授業を始めます。

3. Jīntiān xuéxí dì wǔ kè.
   今天 学习 第 5 课。　　　　　今日は第5課を学びます。

4. Qǐng kàn dì sānshí yè.
   请 看 第 30 页。　　　　　　第30ページを見てください

5. Xiān fùxí, zài xué xīnkè.
   先 复习，再 学 新课。　　　まず復習してから新しい課を勉強します。

6. Qǐng gēn wǒ niàn!
   请 跟 我 念!　　　　　　　　私の後について朗読してください。

7. Qǐng zài shuō yí biàn!
   请 再 说 一 遍!　　　　　　もう一度言ってください。

8. Qǐng dàjiā liànxí huìhuà!
   请 大家 练习 会话!　　　　皆さん，会話の練習をしてください。

9. Qǐng yòng Hànyǔ shuō.
   请 用 汉语 说。　　　　　　中国語で話してください。

10. Jīntiān jiù xuédào zhèr.
    今天 就 学到 这儿。　　　　今日はここまでにします。

    Xià xīngqī jiàn!
    下 星期 见!　　　　　　　　また来週お会いしましょう。

第5课　你叫什么名字？
Dì wǔ kè　　Nǐ jiào shénme míngzi?

■文法■

1 動詞述語文

主語 ＋ 動詞 ＋ 目的語　　　　　　　否定形　不＋動詞　～しない

① 我叫木村学。　　　　　　　　　　私は木村学と申します。
　　Wǒ jiào Mùcūn Xué.

② 我们去教室，不去图书馆。　　　　私たちは教室に行きます。図書館には
　　Wǒmen qù jiàoshì, bú qù túshūguǎn.　　行きません。

2 "是"　　"是"は断定を表す動詞である。

主語 ＋ 是 ＋ 目的語　　　　　　　否定形　不是＋目的語

① 我是日本人。　　　　　　　　　　私は日本人です。
　　Wǒ shì Rìběnrén.

② 他不是学生，是老师。　　　　　　彼は学生ではなく，教師です。
　　Tā bú shì xuésheng, shì lǎoshī.

●名詞述語文　否定形は"不是"を用いる。

主語 ＋ 名詞述語（年月日・数量・年齢など）

① 我今年十八岁。　　　　　　　　　私は今年18歳です。
　　Wǒ jīnnián shíbā suì.

② 今天十号。（今天不是四号。）　　今日は10日です。（今日は4日ではあ
　　Jīntiān shí hào. (Jīntiān bú shì sì hào.)　　りません。）

3 形容詞述語文

主語 ＋ 形容詞　　　　　　　　　　否定形　不＋形容詞

＊副詞"很"は形容詞の肯定文に用い，強く発音しないかぎり，「とても」という意味を持たない。

① 我很高兴。　　　　　　　　　　　私は嬉しいです。
　　Wǒ hěn gāoxìng.

② 他们不忙。
　　Tāmen bù máng.

彼らは忙しくありません。

4　疑問文(1)

1)　"吗"疑問文　　"吗"は語気助詞で，疑問を表す。

① 他也是留学生吗？
　　Tā yě shì liúxuéshēng ma?

彼も留学生ですか。

2)　疑問詞疑問文　　文末に"吗"はつけない。

② 你叫什么名字？
　　Nǐ jiào shénme míngzi?

お名前はなんとおっしゃいますか。

③ 她是哪国人？
　　Tā shì nǎ guó rén?

彼女はどこの国の方ですか。

5　構造助詞"的"　　修飾関係を表す。

修飾語 ＋ 的 ＋ 名詞　　　　　　　"的"の省略　人称代詞＋親族呼称　他哥哥　我妈妈
　　　　　　　　　　　　　　　　　　　　　　　人称代詞＋所属集団　我们大学

① 他哥哥是我们大学的老师。
　　Tā gēge shì wǒmen dàxué de lǎoshī.

彼のお兄さんは私たちの大学の先生です。

② 学习忙的时候，我不打工。
　　Xuéxí máng de shíhou, wǒ bù dǎgōng.

勉強が忙しい時に，私はアルバイトをしません。

③ 我妈妈做的蛋糕最好吃。
　　Wǒ māma zuò de dàngāo zuì hǎochī.

母が作るケーキは一番美味しいです。

人称代詞

我 wǒ 私		你 nǐ あなた	您 nín ("你"の敬称)	他 tā 彼	她 tā 彼女	它 tā それ・あれ
我们 wǒmen 私たち	咱们 zánmen (聞き手を含める。)	你们 nǐmen あなたたち		他们 tāmen 彼ら	她们 tāmen 彼女たち	它们 tāmen それら・あれら

31

■会話■

小李： 你 叫 什么 名字？
Xiǎo Lǐ　Nǐ jiào shénme míngzi?

木村： 我 叫 木村 学。我 是 日本人。您 贵姓？
Mùcūn　Wǒ jiào Mùcūn Xué. Wǒ shì Rìběnrén. Nín guìxìng?

小李： 我 姓 李，叫 李 香。我 是 中国 留学生。
　　　Wǒ xìng Lǐ, jiào Lǐ Xiāng. Wǒ shì Zhōngguó liúxuéshēng.

木村： 认识 你，我 很 高兴。
　　　Rènshi nǐ, wǒ hěn gāoxìng.

小李： 我 也 很 高兴。今后 请 多 关照。
　　　Wǒ yě hěn gāoxìng. Jīnhòu qǐng duō guānzhào.

木村： 不 客气。
　　　Bú kèqi.

小李： 他 也 是 留学生 吗？
　　　Tā yě shì liúxuéshēng ma?

木村： 对。他 是 美国人，
　　　Duì. Tā shì Měiguórén,

　　　是 我 的 朋友。
　　　shì wǒ de péngyou.

小李： 他 叫 什么 名字？
　　　Tā jiào shénme míngzi?

木村： 他 叫 麦克，今年 十八 岁。
　　　Tā jiào Màikè, jīnnián shíbā suì.

■練習■

Ⅰ. 次の語句にピンインをつけて，日本語の意味を言いなさい。

1) 叫 _____   2) 什么 _____   3) 名字 _____   4) 您贵姓 _____

5) 您 _____   6) 姓 _____   7) 认识 _____   8) 高兴 _____

9) 也 _____   10) 今后 _____   11) 美国 _____   12) 朋友 _____

Ⅱ. 次の日本語を読み，口頭で中国語に訳しなさい。

1. 李さん：お名前はなんとおっしゃいますか。

   木村君：木村学と申します。私は日本人です。お名前は？

   李さん：私の名字は李です。李香と申します。中国の留学生です。

2. 木村君：お目にかかれて嬉しいです。

   李さん：私も嬉しいです。これからどうぞよろしくお願いします。

   木村君：恐れ入ります。

3. 李さん：彼も留学生ですか。

   木村君：はい。彼はアメリカ人で，僕の友人です。

   李さん：彼の名前はなんと言いますか。

   木村君：彼の名前はマイクで，18歳です。

Ⅲ. 次の文を朗読しなさい。

> 我姓木村，叫木村学。我是日本人，今年十八岁。李香是我的中国朋友。她是我们大学的留学生。认识她，我很高兴。

Ⅳ．下の語句を用いて，下線の部分を入れ替え，会話の練習をしなさい。

1. A：你是<u>中国</u>人吗？　　　　　Nǐ shì <u>Zhōngguó</u>rén ma?

   B：是的。你是哪国人？　　　Shì de. Nǐ shì nǎ guó rén?

   A：我是<u>日本</u>人。　　　　　　Wǒ shì <u>Rìběn</u>rén.

美国	韩国	意大利	法国
Měiguó	Hánguó	Yìdàlì	Fǎguó
アメリカ	韓国	イタリア	フランス

2. A：你<u>忙</u>吗？　　　　　　　Nǐ <u>máng</u> ma?

   B：我不<u>忙</u>。你<u>忙</u>吗？　　　Wǒ bù <u>máng</u>. Nǐ <u>máng</u> ma?

   A：我很<u>忙</u>。　　　　　　　Wǒ hěn <u>máng</u>.

困	累	冷	热
kùn	lèi	lěng	rè
眠い	疲れる	寒い	暑い

Ⅴ．次の質問文を読み，漢字に書き直して，口頭で答えなさい。

1．Nǐ jiào shénme míngzi?

2．Nǐ shì nǎ guó rén?

3．Nǐ máng ma?

4．Tā shì Zhōngguó liúxuéshēng ma?

5．Nǐ rènshi tā ma?

Ⅵ．次の文を朗読して，口頭で日本語に訳しなさい。

小李：你叫什么名字？

木村：我叫木村学。我是日本人。您贵姓？

小李：我姓李，叫李香。我是中国留学生。

木村：认识你，我很高兴。

小李：我也很高兴。今后请多关照。

木村：不客气。

小李：他也是留学生吗？

木村：对。他是美国人，是我的朋友。

小李：他叫什么名字？

木村：他叫麦克，今年十八岁。

挑戦してみよう	中国語の問いを聞き，答えとして最も適当なものを①～④の中から1つ選びなさい。			
問1.	①	②	③	④
問2.	①	②	③	④
問3.	①	②	③	④

第6课　你星期几有汉语课？
Dì liù kè　　Nǐ xīngqī jǐ yǒu Hànyǔ kè?

■文法■

1 日時の語順

主語 ＋ 日時 ＋ 述語　　　　　　日時 ＋ 主語 ＋ 述語

① 我每天都很忙。　　　　　　　　　　　私は毎日忙しいです。
　　Wǒ měi tiān dōu hěn máng.

② 星期五下午我有汉语课。　　　　　　　金曜日午後は中国語の授業があります。
　　Xīngqīwǔ xiàwǔ wǒ yǒu Hànyǔ kè.

2 疑問文(2)

1) 反復疑問文　肯定形 ＋ 否定形　　文末に"吗"をつけない。

① 你最近忙不忙？　　　　　　　　　　　近頃お忙しいですか。
　　Nǐ zuìjìn máng bu máng?

② 你吃不吃咖喱饭？　　　　　　　　　　カレーライスを食べますか。
　　Nǐ chī bu chī gālífàn?

③ 您是不是张先生？　　　　　　　　　　張さんでいらっしゃいますか。
　　Nín shì bu shì Zhāng xiānsheng?

2) "呢"疑問文　　"呢"は語気助詞で，省略型疑問文をつくる。

① 我不累。你呢？　　　　　　　　　　　私は疲れていません。あなたは？
　　Wǒ bú lèi.　Nǐ ne?

② 这个菜辣得很。那个菜呢？　　　　　　この料理はとても辛いです。あの料理は？
　　Zhèige cài làde hěn.　Nèige cài ne?

3 "在"の用法

動詞　　　　在 ＋ 場所　　　　　　　「～にいる／ある」，存在を表す。
前置詞　　　在 ＋ 場所 ＋ 動詞　　　「～で～する」，動作の場所を導く。
副詞　　　　在 ＋ 動詞　　　　　　　「～している」，動作の進行を表す。

① 我周末在家里。　　　　　　　　　　　私は週末家にいます。
　　Wǒ zhōumò zài jiā li.

② 我周末在家里上网。　　　　　　　　私は週末家でインターネットをします。
　　Wǒ zhōumò zài jiā li shàngwǎng.

③ 我在上网。　　　　　　　　　　　　私はインターネットをしています。
　　Wǒ zài shàngwǎng.

4　動詞"有"　所有と存在を表す。否定形は"没(有)"で，"不有"を使わない。

|所有者・場所（〜に）| + 有（いる・ある）+ |モノ（〜が）|

① 我有姐姐，没有哥哥。　　　　　　　私には姉がいますが，兄はいません。
　　Wǒ yǒu jiějie, méiyou gēge.

② 请问，这里有没有厕所？　　　　　　ちょっとお尋ねしますが，ここにはトイレがありますか。
　　Qǐngwèn, zhèli yǒu méiyou cèsuǒ?

　　有。就在前面。　　　　　　　　　　あります。すぐ前にあります。
　　Yǒu.　Jiù zài qiánmiàn.

5　量詞　人や事物を数える時に用いる。

|数詞| + |量詞| + |名詞|　　　　　　|这, 那, 哪| + |量詞| + |名詞|
　　两　　　节　　　课　▶2コマの授業　　这　　　本　　　书　▶この本

① 你家有几口人？　　　　　　　　　　お宅は何人家族ですか。
　　Nǐ jiā yǒu jǐ kǒu rén?

② 那件衣服怎么样？　　　　　　　　　あの服はどうですか。
　　Nèi jiàn yīfu zěnmeyàng?

指示代詞

这・这(个)	那・那(个)	哪・哪(个)	这儿・这里	那儿・那里	哪儿・哪里
zhè　zhèi(ge)	nà　nèi(ge)	nǎ　něi(ge)	zhèr　zhèli	nàr　nàli	nǎr　nǎli
これ　それ	それ　あれ	どれ	ここ　そこ	そこ　あそこ	どこ

量詞

本（杂志／书）	个（人）	件（衣服／事）	辆（车／自行车）	张（纸／邮票）
běn　zázhì　shū	ge　rén	jiàn　yīfu　shì	liàng　chē　zìxíngchē	zhāng　zhǐ　yóupiào
冊　　雑誌／本	個　　人	枚・件　服／事柄	台　　車／自転車	枚　　紙／切手
把（椅子／伞）	枝（铅笔／圆珠笔）	只（鸟／猫）	条（鱼／路）	双（鞋）
bǎ　yǐzi　sǎn	zhī　qiānbǐ　yuánzhūbǐ	zhī　niǎo　māo	tiáo　yú　lù	shuāng　xié
脚・本　椅子／傘	本　　鉛筆／ボールペン	羽・匹　鳥／猫	匹・本　魚／道	足　　靴

■会话■

木村： 你 最近 怎么样？ 忙 不 忙？
　　　Nǐ zuìjìn zěnmeyàng? Máng bu máng?

小李： 不 太 忙。你 呢？
　　　Bú tài máng. Nǐ ne?

木村： 我 每 天 都 很 忙。
　　　Wǒ měi tiān dōu hěn máng.

小李： 木村，你 在 听 什么？
　　　Mùcūn, nǐ zài tīng shénme?

木村： 我 在 听 汉语 会话。
　　　Wǒ zài tīng Hànyǔ huìhuà.

小李： 是 吗？ 汉语 难 不 难？
　　　Shì ma? Hànyǔ nán bu nán?

木村： 我 觉得 发音 有点儿 难。
　　　Wǒ juéde fāyīn yǒudiǎnr nán.

小李： 你 星期 几 有 汉语 课？
　　　Nǐ xīngqī jǐ yǒu Hànyǔ kè?

木村： 星期五 上午。你 今天 有 几 节 课？
　　　Xīngqīwǔ shàngwǔ. Nǐ jīntiān yǒu jǐ jié kè?

小李： 两 节 课。今天 我 在 六 号 馆 上课。
　　　Liǎng jié kè. Jīntiān wǒ zài liù hào guǎn shàngkè.

練習

第6課

Ⅰ．次の語句にピンインをつけて、日本語の意味を言いなさい。

1) 最近 _____ 2) 怎么样 _____ 3) 不太 _____ 4) 每天 _____
5) 都 _____ 6) 听 _____ 7) 汉语 _____ 8) 会话 _____
9) 觉得 _____ 10) 有点儿 _____ 11) 几节 _____ 12) 上课 _____

Ⅱ．次の日本語を読み、口頭で中国語に訳しなさい。

1．木村君：近頃どうですか。お忙しいですか。
　　李さん：あまり忙しくありません。あなたは？
　　木村君：私は毎日忙しいです。

2．李さん：木村君、何を聞いていますか。
　　木村君：中国語の会話を聞いています。
　　李さん：そうですか。中国語は難しいですか。
　　木村君：発音は少し難しく感じます。

3．李さん：何曜日に中国語の授業がありますか。
　　木村君：金曜日の午前です。あなたは今日何コマの授業がありますか。
　　李さん：2コマです。今日は6号館で授業を受けます。

Ⅲ．次の文を朗読しなさい。

> 我每天都有课。今天我有两节课。我在学汉语，星期一上午和星期五下午有汉语课。我觉得汉语发音有点儿难。

Ⅳ. 下の語句を用いて，下線の部分を入れ替え，会話の練習をしなさい。

1. A：你星期几有<u>汉语</u>课？　　　　　Nǐ xīngqī jǐ yǒu <u>Hànyǔ</u> kè?

   B：<u>星期一</u>上午。你呢？　　　　　<u>Xīngqīyī</u> shàngwǔ. Nǐ ne?

   A：我星期五下午有<u>汉语</u>课。　　　Wǒ xīngqīwǔ xiàwǔ yǒu <u>Hànyǔ</u> kè.

英语	法语	韩语	德语
Yīngyǔ	Fǎyǔ	Hányǔ	Déyǔ
英語	フランス語	韓国語	ドイツ語

星期二	星期三	星期四	星期六
xīngqī'èr	xīngqīsān	xīngqīsì	xīngqīliù
火曜日	水曜日	木曜日	土曜日

2. A：你在干什么？　　　　　　　　Nǐ zài gàn shénme?

   B：我在<u>听汉语会话</u>。　　　　　　Wǒ zài <u>tīng Hànyǔ huìhuà</u>.

做 作业	看 电视	听 音乐	上网
zuò zuòyè	kàn diànshì	tīng yīnyuè	shàngwǎng
宿題をする	テレビを見る	音楽を聞く	インターネットをする

Ⅴ．次の質問文を読み，漢字に書き直して，口頭で答えなさい。

1．Nǐ zuìjìn máng bu máng?

2．Nǐ xīngqī jǐ yǒu Hànyǔ kè?

3．Hànyǔ nán bu nán?

4．Nǐ jīntiān yǒu jǐ jié kè?

5．Wǒ zài liù hào guǎn shàngkè. Nǐ ne?

Ⅵ．次の文を朗読して，口頭で日本語に訳しなさい。

木村：你最近怎么样？忙不忙？

小李：不太忙。你呢？

木村：我每天都很忙。

小李：木村，你在听什么？

木村：我在听汉语会话。

小李：是吗？汉语难不难？

木村：我觉得发音有点儿难。

小李：你星期几有汉语课？

木村：星期五上午。你今天有几节课？

小李：两节课。今天我在六号馆上课。

挑戦してみよう	中国語を聞き，問1～問3に対する答えとして最も適当なものを①～④の中から1つ選びなさい。			
問1.	①	②	③	④
問2.	①	②	③	④
問3.	①	②	③	④

第7课　你会不会唱中文歌？
Dì qī kè　　Nǐ huì bu huì chàng Zhōngwén gē?

■文法■

1 助詞"了"　　"了"は文末につけ，すでに発生したことなどを表す。
　　　　　　　　否定形は"没（有）"＋動詞で，"了"をつけない。

① 你吃饭了吗？　　　　　　　　　　　　ごはんを食べましたか。
　 Nǐ chīfàn le ma?

　 还没呢。　　　　　　　　　　　　　　まだです。
　 Hái méi ne.

② 你昨天看足球比赛了没有？　　　　　　昨日サッカーの試合を見ましたか。
　 Nǐ zuótiān kàn zúqiú bǐsài le méiyou?

　 我没有看。听说很精彩。　　　　　　　見ませんでした。とても素晴らしかっ
　 Wǒ méiyou kàn. Tīngshuō hěn jīngcǎi.　　たそうです。

2 語気助詞"吧"　　文末につけて，勧誘・命令・推測などの語気を表す。

① 咱们一块儿去动物园吧。　　　　　　　一緒に動物園に行きましょう。
　 Zánmen yíkuàir qù dòngwùyuán ba.

② 山本，你唱吧。　　　　　　　　　　　山本さん，どうぞ歌ってください。
　 Shānběn, nǐ chàng ba.

③ 你很喜欢这个歌吧？　　　　　　　　　この歌は大好きでしょう？
　 Nǐ hěn xǐhuan zhèige gē ba?

3 助動詞"会"　　可能を表す。（訓練や学習により）〜することができる。

会 ＋ 動詞　　　　　　　　否定形　不会＋動詞

① 你会说汉语吗？　　　　　　　　　　　あなたは中国語が話せますか。
　 Nǐ huì shuō Hànyǔ ma?

　 我会说一点儿汉语。　　　　　　　　　私は中国語が少し話せます。
　 Wǒ huì shuō yìdiǎnr Hànyǔ.

② 你会不会开车？　　　　　　　　　　　あなたは車の運転ができますか。
　 Nǐ huì bu huì kāichē?

我不会开车。　　　　　　　　　　　私は車の運転ができません。
Wǒ bú huì kāichē.

4 連動文　一つの主体が二つ以上の動作・行為をし，その動作の順に動詞を並べる構文である。否定詞は最初の動詞の前につける。

|来／去（＋場所）| ＋ |動詞₂＋目的語|　（～へ）～しに来る／行く

① 咱们一起去（京都）看红叶吧。　　一緒に（京都へ）紅葉を見に行きましょう。
　Zánmen yìqǐ qù (Jīngdū) kàn hóngyè ba.

|動詞₁＋目的語| ＋ |動詞₂＋目的語|　～して（～で）～する

② 我不坐地铁去，骑自行车去。　　　私は地下鉄で行きません，自転車で行きます。
　Wǒ bú zuò dìtiě qù, qí zìxíngchē qù.

5 選択疑問文

|（是）～，还是…？|　～か，それとも…か

① 你（是）今天去，还是明天去？　　あなたは今日行きますか，それとも明日行きますか。
　Nǐ (shì) jīntiān qù, háishi míngtiān qù?

　我明天去。　　　　　　　　　　　私は明日行きます。
　Wǒ míngtiān qù.

② 你喜欢春天，还是喜欢秋天？　　　春が好きですか，それとも秋が好きですか。
　Nǐ xǐhuan chūntiān, háishi xǐhuan qiūtiān?

　我都喜欢。　　　　　　　　　　　どっちも好きです。
　Wǒ dōu xǐhuan.

③ 老王是上海人，还是北京人？　　　王さんは上海出身ですか，それとも北京出身ですか。
　Lǎo Wáng shì Shànghǎirén, háishi Běijīngrén?

　她是上海人。　　　　　　　　　　彼女は上海出身です。
　Tā shì Shànghǎirén.

時刻

两 点 零 五 分	四 点 一 刻（十五 分）	六 点 三 刻
liǎng diǎn líng wǔ fēn	sì diǎn yí kè (shíwǔ fēn)	liù diǎn sān kè
2:05	4:15	6:45
七 点 半（三十 分）	差 五 分 八 点	十 点 钟　　几 点
qī diǎn bàn (sānshí fēn)	chà wǔ fēn bā diǎn	shí diǎn zhōng　jǐ diǎn
7:30	7:55	10:00　　何時

■会話

木村： 小李，你 吃 午饭 了 吗?
Xiǎo Lǐ, nǐ chī wǔfàn le ma?

小李： 还 没 吃 呢。现在 几 点?
Hái méi chī ne. Xiànzài jǐ diǎn?

木村： 十二 点 一 刻。咱们 一块儿 去 食堂 吃 吧。
Shí'èr diǎn yí kè. Zánmen yíkuàir qù shítáng chī ba.

小李： 我 爱 听 音乐，经常 边 听 音乐 边 做 作业。
Wǒ ài tīng yīnyuè, jīngcháng biān tīng yīnyuè biān zuò zuòyè.

木村： 我 喜欢 唱 歌。我 对 中国 歌曲 也 很 感 兴趣。
Wǒ xǐhuan chàng gē. Wǒ duì Zhōngguó gēqǔ yě hěn gǎn xìngqù.

小李： 你 会 不 会 唱 中文 歌?
Nǐ huì bu huì chàng Zhōngwén gē?

木村： 我 会 唱。
Wǒ huì chàng.

小李： 真 的? 那 咱们 一起 去 唱 卡拉 OK，好 不 好?
Zhēn de? Nà zánmen yìqǐ qù chàng kǎlā OK, hǎo bu hǎo?

木村： 好。今天 去，还是 明天 去?
Hǎo. Jīntiān qù, háishi míngtiān qù?

小李： 明天 去 吧。
Míngtiān qù ba.

■練習■

Ⅰ．次の語句にピンインをつけて，日本語の意味を言いなさい。

1) 午饭 _____ 2) 还 _____ 3) 几点 _____ 4) 一块儿／一起 _____

5) 爱 _____ 6) 经常 _____ 7) 喜欢 _____ 8) (一)边~(一)边~ _____

9) 对 _____ 10) 感兴趣 _____ 11) 那 _____ 12) 唱卡拉OK _____

Ⅱ．次の日本語を読み，口頭で中国語に訳しなさい。

1．木村君：李さん，昼ご飯を食べましたか。

　李さん：まだ食べていません。いま何時ですか。

　木村君：12時15分です。一緒に食堂へ食べに行きましょう。

2．李さん：私は音楽を聞くのが好きです。よく音楽を聞きながら，宿題をします。

　木村君：私は歌を歌うのが好きです。中国の歌にもとても興味があります。

3．李さん：中国語の歌が歌えますか。

　木村君：歌えます。

　李さん：ほんとう？　では一緒にカラオケに行きませんか。

　木村君：いいですよ。今日行きますか，それとも明日行きますか。

　李さん：明日にしましょう。

Ⅲ．次の文を朗読しなさい。

> 我喜欢听音乐，常常一边听音乐一边做作业。我还爱唱歌，对中国歌曲也很感兴趣。我会唱中文歌。明天晚上我们去唱卡拉OK。

Ⅳ．下の語句を用いて，下線の部分を入れ替え，会話の練習をしなさい。

1. A：你喜欢唱歌吗？　　　　　　　Nǐ xǐhuan chàng gē ma?

   B：喜欢。你呢？　　　　　　　　Xǐhuan. Nǐ ne?

   A：我也喜欢唱歌。　　　　　　　Wǒ yě xǐhuan chàng gē.

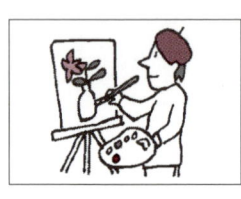

画 画儿　　　跳舞　　　滑雪　　　游泳
huà huàr　　tiàowǔ　　huáxuě　　yóuyǒng
絵を描く　　ダンスをする　スキーをする　泳ぐ

2. A：你会不会唱中文歌？　　　　　Nǐ huì bu huì chàng Zhōngwén gē?

   B：我会唱。你也会唱吗？　　　　Wǒ huì chàng. Nǐ yě huì chàng ma?

   A：我不会唱。　　　　　　　　　Wǒ bú huì chàng.

做 菜　　　打 麻将　　　打 网球　　　踢 足球
zuò cài　　dǎ májiàng　　dǎ wǎngqiú　　tī zúqiú
料理を作る　マージャンをする　テニスをする　サッカーをする

V．次の質問文を読み，漢字に書き直して，口頭で答えなさい。

1．Nǐ chī wǔfàn le ma?

2．Nǐ xǐhuan chàng gē ma?

3．Nǐ huì chàng Zhōngwén gē ma?

4．Nǐ duì shénme gǎn xìngqù?

5．Jīntiān qù, háishi míngtiān qù?

Ⅵ．次の文を朗読して，口頭で日本語に訳しなさい。

木村：小李，你吃午饭了吗?

小李：还没吃呢。现在几点?

木村：十二点一刻。咱们一块儿去食堂吃吧。

小李：我爱听音乐，经常边听音乐边做作业。

木村：我喜欢唱歌。我对中国歌曲也很感兴趣。

小李：你会不会唱中文歌?

木村：我会唱。

小李：真的? 那咱们一起去唱卡拉OK，好不好?

木村：好。今天去，还是明天去?

小李：明天去吧。

挑戦してみよう	中国語を聞き，問1～問3に対する答えとして最も適当なものを①～④の中から1つ選びなさい。			
問1．	①	②	③	④
問2．	①	②	③	④
問3．	①	②	③	④

第8课　你去过中国吗？
Dì bā kè　　Nǐ qùguo Zhōngguó ma?

■ 文法 ■

1　助詞"过"

動詞 ＋ 过　～したことがある　　否定形　没(有) ＋ 動詞 ＋ 过　～したことがない

① 我去过北京，没有去过上海。　　　　　私は北京に行ったことがあるが，上海
　　Wǒ qùguo Běijīng, méiyou qùguo Shànghǎi.　　には行ったことはありません。

② 这个电影你看过没有？　　　　　　　この映画は見たことがありますか。
　　Zhèige diànyǐng nǐ kànguo méiyou?

2　"快要～了"

快要（快／要／就要）＋ 動詞＋目的語 ＋ 了　まもなく～する

① 快要放寒假了。　　　　　　　　　　もうすぐ冬休みになります。
　　Kuàiyào fàng hánjià le.

② 电影快开始了。　　　　　　　　　　映画はもうすぐ始まります。
　　Diànyǐng kuài kāishǐ le.

③ 下星期就要考试了。　　　　　　　　来週いよいよ試験です。
　　Xià xīngqī jiù yào kǎoshì le.

3　前置詞"离""从""到"

1)　"离"　AからBまでの空間と時間の距離を示す。

　　A　离＋B　～　AはBから～（空間の距離）／Bまで～（時間の距離）

① 我家离车站不太远。　　　　　　　　私の家は駅からあまり遠くありません。
　　Wǒ jiā lí chēzhàn bú tài yuǎn.

② 现在离放暑假还有两个星期。　　　　いまから夏休みまであと2週間あります。
　　Xiànzài lí fàng shǔjià hái yǒu liǎng ge xīngqī.

2)　"从""到"　"从"は空間と時間の起点を示し，"到"はその到着点を示す。

　　从＋A　到＋B　～　AからBまで～

① 从你家到公司要多长时间？　　　　　お宅から会社までどれくらいかかりま
　　Cóng nǐ jiā dào gōngsī yào duō cháng shíjiān?　　すか。

② 从周一到周五我每天都有课。　　月曜日から金曜日まで毎日授業があり
　　Cóng zhōuyī dào zhōuwǔ wǒ měi tiān dōu yǒu kè.　　ます。

4 助動詞"想"　願望を表す。 99

想 + 動詞　〜したい／〜したいと思う　　否定形　不想 + 動詞

① 我们想去北海道旅行。　　私たちは北海道へ旅行に行きたいです。
　　Wǒmen xiǎng qù Běihǎidào lǚxíng.

② 你想不想参加比赛？　　あなたは試合に出たいですか？
　　Nǐ xiǎng bu xiǎng cānjiā bǐsài?

5 数量補語　動作の回数・持続時間を示すフレーズで，動詞の後につける。 101
動作が既に発生した場合は動詞の後に助詞"过"か"了"を入れる。
"了"は動態助詞で，動作の完了を表す。

動詞 + 数量補語 + 目的語　　　　動詞 + 目的語（人称代詞）+ 数量補語

① 他去了两趟台湾。　　彼は台湾に2回行きました。
　　Tā qùle liǎng tàng Táiwān.

② 我每天学习一个钟头汉语。　　私は毎日1時間中国語を勉強しています。
　　Wǒ měi tiān xuéxí yí ge zhōngtóu Hànyǔ.

③ 我在香港见过她一次。　　私は香港で一度彼女に会ったことがあ
　　Wǒ zài Xiānggǎng jiànguo tā yí cì.　　ります。

回数（〜回／〜度） 102

次・回	趟	遍	顿
cì　huí	tàng	biàn	dùn
回／度	一往復	初めから終わりまで一通り	食事や叱責の回数
来过　两　次	去了　一　趟	看　两　遍	说了　他　一　顿
láiguo liǎng cì	qùle yí tàng	kàn liǎng biàn	shuōle tā yí dùn
2回来たことがある	行ってきた	2回読む	彼をこっぴどく叱った

方位詞 103

前	后	上	下	里	外	左	右	东	南	西	北	+ 面 miàn
qián	hòu	shàng	xià	lǐ	wài	zuǒ	yòu	dōng	nán	xī	běi	+ 边儿 bianr
前	後	上	下	中	外	左	右	東	南	西	北	

■会话

小李: 木村，你 去过 中国 吗?
　　　Mùcūn, nǐ qùguo Zhōngguó ma?

木村: 去过。高中 时，我 去过 一 次 北京。
　　　Qùguo. Gāozhōng shí, wǒ qùguo yí cì Běijīng.

小李: 是 吗? 你 在 北京 玩儿 了 几 天?
　　　Shì ma? Nǐ zài Běijīng wánrle jǐ tiān?

木村: 三 天。故宫、长城、颐和园，我 都 去 了。
　　　Sān tiān. Gùgōng, Chángchéng, Yíhéyuán, wǒ dōu qù le.

小李: 快要 放 暑假 了。你 有 什么 计划 吗?
　　　Kuàiyào fàng shǔjià le. Nǐ yǒu shénme jìhuà ma?

木村: 我 打算 去 上海 旅游。
　　　Wǒ dǎsuan qù Shànghǎi lǚyóu.

　　　今年 暑假 你 回 上海 吗?
　　　Jīnnián shǔjià nǐ huí Shànghǎi ma?

小李: 回去。我 给 你 当 导游 吧。
　　　Huíqu. Wǒ gěi nǐ dāng dǎoyóu ba.

木村: 那 太 好 了。
　　　Nà tài hǎo le.

木村: 你 家 离 外滩 远 吗?
　　　Nǐ jiā lí Wàitān yuǎn ma?

小李: 不 远。从 我 家 到 外滩 用不了 十五 分 钟。
　　　Bù yuǎn. Cóng wǒ jiā dào Wàitān yòngbuliǎo shíwǔ fēn zhōng.

木村: 听说 外滩 夜景 很 美。我 想 去 看看。
　　　Tīngshuō Wàitān yèjǐng hěn měi. Wǒ xiǎng qù kànkan.

■練習■

第8課

Ⅰ．次の語句にピンインをつけて，日本語の意味を言いなさい。

1) 高中 .... 2) 时 .... 3) 快要 .... 4) 放暑假 ....

5) 计划 .... 6) 打算 .... 7) 回去 .... 8) 给 ....

9) 当导游 .... 10) 用不了 .... 11) 分钟 .... 12) 听说 ....

Ⅱ．次の日本語を読み，口頭で中国語に訳しなさい。

1．李さん：木村君，中国に行ったことがありますか。

　木村君：あります。高校の時に1度北京に行ったことがあります。

　李さん：そうですか。北京で何日間遊びましたか。

　木村君：3日間。故宮，万里の長城，頤和園に行きました。

2．李さん：もうすぐ夏休みになります。なにか予定がありますか。

　木村君：上海へ旅行するつもりです。今年の夏休みは上海に帰りますか。

　李さん：帰ります。ガイドをしてあげましょう。

　木村君：それはありがとう。

3．木村君：お宅は外灘（バンド）から遠いですか。

　李さん：遠くありません。家から外灘（バンド）まで15分もかかりません。

　木村君：外灘（バンド）の夜景はとても美しいそうです。行って見てみたいです。

Ⅲ．次の文を朗読しなさい。

> 我去过北京，没有去过上海。快要放暑假了。我打算去上海旅游。听说上海外滩夜景很美，我想去那儿看夜景。

Ⅳ．下の語句を用いて，下線の部分を入れ替え，会話の練習をしなさい。

1. A：你去过中国吗？　　　　　Nǐ qùguo Zhōngguó ma?

   B：去过。你去过没有？　　　Qùguo. Nǐ qùguo méiyou?

   A：我没有去过。　　　　　　Wǒ méiyou qùguo.

看 京剧	打 太极拳	吃 北京 烤鸭	包 饺子
kàn jīngjù	dǎ tàijíquán	chī Běijīng kǎoyā	bāo jiǎozi
京劇を見る	太極拳をする	北京ダックを食べる	餃子を作る

2. A：从你家到大学要多长时间？　Cóng nǐ jiā dào dàxué yào duō cháng shíjiān?

   B：要三十分钟。　　　　　　　Yào sānshí fēn zhōng.

车站	医院	机场	邮局
chēzhàn	yīyuàn	jīchǎng	yóujú
バス停・駅	病院	空港	郵便局
十 分 钟	半 个 小时	两 个 半 钟头	五 分 钟
shí fēn zhōng	bàn ge xiǎoshí	liǎng ge bàn zhōngtóu	wǔ fēn zhōng
10分	30分間	2時間半	

Ⅴ．次の質問文を読み，漢字に書き直して，口頭で答えなさい。

1．Nǐ qùguo Zhōngguó ma?

2．Nǐ jiā lí chēzhàn yuǎn ma?

3．Cóng nǐ jiā dào dàxué yào duō cháng shíjiān?

4．Jīnnián shǔjià nǐ yǒu shénme jìhuà?

5．Jīnnián shǔjià nǐ qù lǚyóu ma?

Ⅵ．次の文を朗読して，口頭で日本語に訳しなさい。

小李：木村，你去过中国吗？

木村：去过。高中时，我去过一次北京。

小李：是吗？你在北京玩儿了几天？

木村：三天。故宫、长城、颐和园，我都去了。

小李：快要放暑假了。你有什么计划吗？

木村：我打算去上海旅游。今年暑假你回上海吗？

小李：回去。我给你当导游吧。

木村：那太好了。

木村：你家离外滩远吗？

小李：不远。从我家到外滩用不了十五分钟。

木村：听说外滩夜景很美。我想去看看。

挑戦してみよう	中国語の問いを聞き，答えとして最も適当なものを①～④の中から1つ選びなさい。			
問1.	①	②	③	④
問2.	①	②	③	④
問3.	①	②	③	④

復習2

I 次の文章を朗読してから，日本語に訳しなさい。

Wǒ xìng Língmù, jiào Língmù Chūncài, jīnnián shíbā suì. Wǒ shì Jīngnán dàxué fǎxué xì yī niánjí de xuésheng.

Wǒ zhùzài Shénhù. Wǒ jiā lí dàxué bù zěnme yuǎn. Wǒ zuò diànchē shàngxué. Cóng xīngqīyī dào xīngqīwǔ wǒ měi tiān dōu yǒu kè. Chúle shàngkè yǐwài, wǒ hái cānjiā jùlèbù huódòng. Xīngqī'èr hé xīngqīsì wǎnshang wǒ zài biànlìdiàn dǎgōng. Wǒ yǒu hěn duō àihào, tèbié xǐhuan chàng gē. Zhōumò wǒ jīngcháng hé tóngxué yìqǐ qù chàng kǎlā OK. Wǒ huì chàng Yīngwén gē, yě huì chàng Zhōngwén gē. Wǒ zài xué Hànyǔ, yí ge xīngqī yǒu liǎng jié Hànyǔ kè. Yì jié zài xīngqīsān xiàwǔ, yì jié zài xīngqīwǔ shàngwǔ. Wǒmen de Hànyǔ lǎoshī shì Zhōngguórén. Tā jīngcháng gěi dàjiā jièshào Zhōngguó de fēngsú xíguàn. Wǒ duì Zhōngguó wénhuà hěn gǎn xìngqù. Zuìjìn wǒ kànle Zhōngguó diànyǐng «Wǒ de fùqin mǔqin». Zhèige diànyǐng kě yǒu yìsi le.

Gāozhōng shí, wǒ qùguo yí tàng Běijīng, zài nàli wánrle sān tiān. Wǒ hái méiyou qùguo Shànghǎi. Kuàiyào fàng shǔjià le. Jīnnián shǔjià wǒ zhǔnbèi gēn péngyou yíkuàir qù Shànghǎi lǚyóu. Wǒ xiǎng yòng Hànyǔ hé Zhōngguórén jiāoliú.

我姓铃木，叫铃木春菜，今年十八岁。我是京南大学法学系一年级的学生。

我住在神户。我家离大学不怎么远。我坐电车上学。从星期一到星期五我每天都有课。除了上课以外，我还参加俱乐部活动。星期二和星期四晚上我在便利店打工。我有很多爱好，特别喜欢唱歌。周末我经常和同学一起去唱卡拉OK。我会唱英文歌，也会唱中文歌。我在学汉语，一个星期有两节汉语课。一节在星期三下午，一节在星期五上午。我们的汉语老师是中国人。他经常给大家介绍中国的风俗习惯。我对中国文化很感兴趣。最近我看了中国电影《我的父亲母亲》。这个电影可有意思了。

高中时，我去过一趟北京，在那里玩儿了三天。我还没有去过上海。快要放暑假了。今年暑假我准备跟朋友一块儿去上海旅游。我想用汉语和中国人交流。

*除了~以外　~のほかに
*A 和／跟 B 一起／一块儿 動詞　AはBと一緒に~する
*可 形容詞 了　とても，実に

II 次の単語にピンインと日本語の意味をつけて，朗読しなさい。

中国	日本	美国	汉语	中文	英语	日语	日文
今天	昨天	今年	去年	最近	周末	星期	经常
上课	上网	打工	工作	唱歌	学习	开车	留学
旅游	高兴	好吃	喜欢	兴趣	咖啡	老师	名字
电影	发音	作业	音乐	暑假	寒假	钟头	时间
教室	食堂	车站	银行	医院	学校	机场	公司

III 次の文を中国語に訳しなさい。

1. 1）私たちは行きます。➡ p.30

    私たちは美術館に行きます。

    2）私たちは昨日美術館に行きました。➡ p.42

    3）私たちは美術館に行ったことがあります。➡ p.48

    4）私たちは美術館に行きたいです。➡ p.49

2. 1）あなたは行きますか。　　——私は行きません。➡ p.30

    2）昨日行きましたか。　　　——昨日行きませんでした。➡ p.42

    　行きましたか。　　　　　——まだ行っていません。

    3）行ったことがありますか。——行ったことがありません。➡ p.48

    4）行きたいですか。　　　　——行きたくありません。➡ p.49

3. 1）彼はアルバイトをします。

    2）彼はアルバイトをしています。➡ p.36

    3）彼は喫茶店でアルバイトをしています。➡ p.36　咖啡馆 kāfēiguǎn

    4）彼は日曜日に喫茶店でアルバイトをします。➡ p.36

4．1）神戸に行く。映画を見る。

　　　彼らは神戸へ映画を見に行きます。➡ p.43

　　　彼らは映画を見に行きます。

　　　彼らは神戸へ映画を見に行きません。

　　　彼らは先週の土曜日に神戸へ映画を見に行きませんでした。

　2）自転車に乗る。動物園に行く。

　　　私は自転車で動物園に行きたいです。➡ p.43

　　　私は昨日自転車で行きませんでした。

5．1）〜に電話をする。➡ p.106

　　　私は友人に電話をします。

　2）〜に対して興味を持っている。➡ p.44, 106

　　　彼女は法律と経済に興味を持っています。　法律 fǎlǜ　经济 jīngjì

　3）友達と　➡ p.54, 106

　　　私は日曜日に友達と一緒に買物に行きます。　买东西 mǎi dōngxi

　4）私の家は駅から遠くありません。➡ p.48

　　　試験まであと1週間あります。　考试 kǎoshì

　5）月曜日から金曜日まで　➡ p.48

　　　月曜日から金曜日まで毎日授業があります。

　　　ここから大学まで

　　　ここから大学まで15分かかります。

6．1）30分　　2時間　　テレビを見る。➡ p.49

　　　母は毎日30分テレビを見ます。

　　　兄は昨日2時間テレビを見ました。

　2）2回　➡ p.49

　　　姉は韓国に2回行ったことがあります。

7. 1）今日は4日です。今日は5日ではありません。 ➡ p.30, 105
   2）昨日は3日でした。昨日は4日ではありませんでした。

8. 1）私は今日忙しいです。　昨日も忙しかったです。 ➡ p.30, 105
   2）私は今日忙しくありません。昨日も忙しくありませんでした。

9. ～も
   私も本を読むのが好きです。
   私は本を読むのも好きです。

10. まもなく～する　　夏休みになる。 ➡ p.48
    私たちはもうすぐ夏休みになります。

11. ある・いる　　ない・いない ➡ p.36, 37
    1）私は兄が一人いますが，姉はいません。
       私は明日暇がありません。
    2）大学には食堂と本屋があります。
       本屋は食堂の後ろにあります。

12. 1）図書館の本 ➡ p.31
    2）とても面白い本　有意思 yǒu yìsi
    3）私が読みたい本
    4）昨日読んだ本

IV 下の□から適当な疑問詞を選び，質問文を作りなさい。（下線のあるところを質問すること）

谁	哪 位	什么	哪个	哪里	哪儿	什么 地方
shéi	nǎwèi(něiwèi)	shénme	nǎge(něige)	nǎli	nǎr	shénme dìfang
だれ	どなた	なに・なんの	どれ・どの	どこ	どこ	どこ
什么 时候	几 月	几 号	星期 几	几 点	怎么样	怎么
shénme shíhou	jǐ yuè	jǐ hào	xīngqī jǐ	jǐ diǎn	zěnmeyàng	zěnme
いつ	何月	何日	何曜日	何時	どう	どのように・なぜ
多少	几	多 长 时间	多 大			
duōshao	jǐ	duō cháng shíjiān	duō dà			
どれくらい	いくら	どれくらいの時間	何歳・どれくらいの大きさ			

1. A _____ B 这是<u>我</u>的课本。
   Zhè shì wǒ de kèběn.

2. A _____ B 我想吃<u>面包</u>。
   Wǒ xiǎng chī miànbāo.

3. A _____ B 我哥哥在<u>超市</u>工作。
   Wǒ gēge zài chāoshì gōngzuò.

4. A _____ B 我<u>星期四</u>去梅田买东西。
   Wǒ xīngqīsì qù Méitián mǎi dōngxi.

5. A _____ B 他<u>八月十号</u>去加拿大留学。
   Tā bāyuè shí hào qù Jiānádà liúxué.

6. A _____ B 现在<u>十二点半</u>。
   Xiànzài shí'èr diǎn bàn.

7. A _____ B 那个菜味道<u>很好</u>。
   Nèige cài wèidao hěn hǎo.

8. A _____ B 我每天<u>坐电车</u>上学。
   Wǒ měi tiān zuò diànchē shàngxué.

9. A _____ B 我姐姐有<u>两本</u>词典。
   Wǒ jiějie yǒu liǎng běn cídiǎn.

10. A _____ B 我在北京住了<u>五天</u>。
    Wǒ zài Běijīng zhùle wǔ tiān.

11. A _____   B 从这儿到车站要<u>十分钟</u>。
　　　　　　　　　　　　　　　　　　Cóng zhèr dào chēzhàn yào shí fēn zhōng.

12. A _____   B 我弟弟今年<u>十六岁</u>。
　　　　　　　　　　　　　　　　　　Wǒ dìdi jīnnián shíliù suì.

V 次の文を漢字に書き直して，口頭で答えなさい。　115

1. Nǐ jiào shénme míngzi?

2. Nǐ zuìjìn máng bu máng?

3. Nǐ xīngqī jǐ yǒu Hànyǔ kè?

4. Nǐ duì shénme gǎn xìngqù?

5. Nǐ yǒu shénme àihào?

6. Nǐ huì bu huì shuō Yīngyǔ?

7. Nǐ jiā lí chēzhàn yuǎn ma?

8. Cóng nǐ jiā dào dàxué yào duō cháng shíjiān?

9. Nǐ qùguo Shànghǎi ma?

10. Shǔjià li, nǐ yǒu shénme jìhuà ma?

VI 中国語の問いを聞き，答えとして最も適当なものを①〜④の中から１つ選びなさい。　116

問１．　①　　　②　　　③　　　④

問２．　①　　　②　　　③　　　④

問３．　①　　　②　　　③　　　④

問４．　①　　　②　　　③　　　④

問５．　①　　　②　　　③　　　④

中国の行政区分名称

名称	中国語表記	略称	
●省 22			省都所在地
安徽省	安徽省 Ānhuī Shěng	皖 Wǎn	合肥市 Héféi Shì
福建省	福建省 Fújiàn Shěng	闽／福 Mǐn／Fú	福州市 Fúzhōu Shì
甘粛省	甘肃省 Gānsù Shěng	甘／陇 Gān／Lǒng	兰州市 Lánzhōu Shì
広東省	广东省 Guǎngdōng Shěng	粤 Yuè	广州市 Guǎngzhōu Shì
貴州省	贵州省 Guìzhōu Shěng	黔／贵 Qián／Guì	贵州市 Guìzhōu shì
海南省	海南省 Hǎinán Shěng	琼 Qióng	海口市 Hǎikǒu Shì
河北省	河北省 Héběi Shěng	冀 Jì	石家庄市 Shíjiāzhuāng Shì
黒竜江省	黑龙江省 Hēilóngjiāng Shěng	黑 Hēi	哈尔滨市 Hā'ěrbīn Shì
河南省	河南省 Hénán Shěng	豫 Yù	郑州市 Zhèngzhōu Shì
湖北省	湖北省 Húběi Shěng	鄂 È	武汉市 Wǔhàn Shì
湖南省	湖南省 Húnán Shěng	湘 Xiāng	长沙市 Chángshā Shì
江蘇省	江苏省 Jiāngsū Shěng	苏 Sū	南京市 Nánjīng Shì
江西省	江西省 Jiāngxī Shěng	赣 Gàn	南昌市 Nánchāng Shì
吉林省	吉林省 Jílín Shěng	吉 Jí	长春市 Chángchūn Shì
遼寧省	辽宁省 Liáoníng Shěng	辽 Liáo	沈阳市 Shěnyáng Shì
青海省	青海省 Qīnghǎi Shěng	青 Qīng	西宁市 Xīníng Shì
陝西省	陕西省 Shǎnxī Shěng	陕／秦 Shǎn／Qín	西安市 Xī'ān Shì
山東省	山东省 Shāndōng Shěng	鲁／齐 Lǔ／Qí	济南市 Jǐnán Shì
山西省	山西省 Shānxī Shěng	晋 Jìn	太原市 Tàiyuán Shì

● コラム2

四川省	四川省 Sìchuān Shěng	川／蜀 Chuān/Shǔ	成都市 Chéngdū Shì
雲南省	云南省 Yúnnán Shěng	滇／云 Diān/Yún	昆明市 Kūnmíng Shì
浙江省	浙江省 Zhèjiāng Shěng	浙 Zhè	杭州市 Hángzhōu Shì

●直轄市 4　　　　　　　　　　　　　　　　　　　直轄市政府所在地

北京市	北京市 Běijīng Shì	京／燕 Jīng/Yàn	东城区 Dōngchéng Qū
上海市	上海市 Shànghǎi Shì	沪 Hù	黄埔区 Huángpǔ Qū
天津市	天津市 Tiānjīn Shì	津 Jīn	和平区 Hépíng Qū
重慶市	重庆市 Chóngqìng Shì	渝 Yú	渝中区 Yúzhōng Qū

●自治区 5　　　　　　　　　　　　　　　　　　　自治区政府所在地

広西チワン自治区	广西壮族自治区 Guǎngxī Zhuàngzú Zìzhìqū	桂 Guì	南宁市 Nánníng Shì
内モンゴル自治区	内蒙古自治区 Nèiměnggǔ Zìzhìqū	蒙 Měng	呼和浩特市 Hūhéhàotè Shì
寧夏回族自治区	宁夏回族自治区 Níngxià Huízú Zìzhìqū	宁 Níng	银川市 Yínchuān Shì
新疆ウイグル自治区	新疆维吾尔自治区 Xīnjiāng Wéiwú'ěr Zìzhìqū	新 Xīn	乌鲁木齐市 Wūlǔmùqí Shì
チベット自治区	西藏自治区 Xīzàng Zìzhìqū	藏 Zàng	拉萨市 Lāsà Shì

●特別行政区 2　　　　　　　　　　　　　　　　　特別行政区政府所在地

香港	香港特別行政区 Xiānggǎng Tèbié Xíngzhèngqū	港 Gǎng	添馬添美道 Tiānmǎtiānměi Dào
マカオ	澳门特別行政区 Àomén Tèbié Xíngzhèngqū	澳 Ào	南湾大马路 Nánwān Dàmǎlù

●（未統一地域）　　　　　　　　　　　　　　　　省都所在地

台湾省	台湾省 Táiwān Shěng	台 Tái	台北市 Táiběi Shì

第9课　这儿可以换钱吗?
Dì jiǔ kè　Zhèr kěyǐ huànqián ma?

■文法■

1　助動詞"要"　否定は"不想""不用"を用いる。

要 + 動詞　～したい／～しなければならない

① 要打的去吗?　　　　　　　　　　タクシーで行かなければなりませんか。
　 Yào dǎdī qù ma?

　 很近，不用打的。　　　　　　　　近いから，タクシーに乗る必要はありません。
　 Hěn jìn, búyòng dǎdī.

② 您好！我要换钱。　　　　　　　　すみません，両替したいのですが。
　 Nín hǎo! Wǒ yào huànqián.

2　"请～"　「どうぞ～してください」

① 请坐电梯上去！　　　　　　　　　エレベータで上がってください。
　 Qǐng zuò diàntī shàngqu!

② 请大家再念一遍。　　　　　　　　みなさん，もう一度朗読してください。
　 Qǐng dàjiā zài niàn yí biàn.

3　助動詞"能""可以"

1) 助動詞"能"（能力・条件・状況から見て）～することができる

① 我后天能来。　　　　　　　　　　私は明後日来ることができます。
　 Wǒ hòutiān néng lái.

② 他喝酒了，不能开车。　　　　　　彼は酒を飲んだので，車の運転ができません。
　 Tā hē jiǔ le, bù néng kāichē.

2) 助動詞"可以"　可能と許可を表す。　否定は"不能／不可以"を用いる。

可以 + 動詞　～することができる／～してよい

① 星期天你可以去吗?　　　　　　　日曜日，あなたは行けますか。
　 Xīngqītiān nǐ kěyǐ qù ma?

対不起，我有事，不能去。
Duìbuqǐ, wǒ yǒu shì, bù néng qù.

すみません，私は用事があって行けません。

② 这里可以吸烟吗?
Zhèli kěyǐ xī yān ma?

ここではタバコを吸ってもいいですか。

不可以吸烟。
Bù kěyǐ xī yān.

タバコを吸ってはいけません。

4 "是～的" 構文

すでに発生したことに対して，その動作の時間・場所・方式・主体を重点的に説明する時によく使う構文である。"的"は文末か文の最後の動詞の後につける。"是"は省略もできる。否定形は"不是～的"である。

120

① 你（是）什么时候去的冲绳?
Nǐ (shì) shénme shíhou qù de Chōngshéng?

あなたはいつ沖縄に行ったのですか。

去年夏天去的。
Qùnián xiàtiān qù de.

去年の夏に行ったのです。

② 我不是坐船来的。
Wǒ bú shì zuò chuán lái de.

私は船で来たのではありません。

5 方向補語

"来／去"は動詞の後に置き，動作の方向などを示す。目的語は場所である場合，必ず"来／去"の前につける。

121

① 我在楼下。你快点儿下来!
Wǒ zài lóuxià. Nǐ kuài diǎnr xiàlai!

私は一階にいます。はやく下りてきてください。

好，我马上就下去。
Hǎo, wǒ mǎshàng jiù xiàqu.

はい。すぐに下りていきます。

② 快九点了，咱们进教室去吧。
Kuài jiǔ diǎn le, zánmen jìn jiàoshì qù ba.

もうすぐ9時です。教室に入っていきましょう。

122

方向補語

	上 shàng 上がる	下 xià 下りる	进 jìn 入る	出 chū 出る	回 huí 戻る	过 guò 通る	起 qǐ 起きる
来 lái くる	上来	下来	进来	出来	回来	过来	起来
去 qù いく	上去	下去	进去	出去	回去	过去	——

■会話

服务员₁ : 欢迎 光临。您 好！
fúwùyuán　　Huānyíng guānglín. Nín hǎo!

木村 : 小姐，我要办 入住 手续。这是我 的 护照。
　　　　Xiǎojiě, wǒ yào bàn rùzhù shǒuxù. Zhè shì wǒ de hùzhào.

服务员₁ : 您 的 房间 是 815 号。请 坐 那边儿 的 电梯 上去。
　　　　Nín de fángjiān shì bāyāowǔ hào. Qǐng zuò nàbianr de diàntī shàngqu.

木村 : 先生，这儿 可以 换钱 吗?
　　　　Xiānsheng, zhèr kěyǐ huànqián ma?

服务员₂ : 这儿 不 能 换钱。兑换处 在 对面。
　　　　Zhèr bù néng huànqián. Duìhuànchù zài duìmiàn.

木村 : 喂，是 小 李 吗?
　　　　Wéi, shì Xiǎo Lǐ ma?

　　　　我 是 木村。
　　　　Wǒ shì Mùcūn.

小李 : 欢迎，欢迎。
　　　　Huānyíng, huānyíng.

　　　　木村，你 是 几 点 到 的?
　　　　Mùcūn, nǐ shì jǐ diǎn dào de?

木村 : 下午 四 点 半 到 的 酒店。
　　　　Xiàwǔ sì diǎn bàn dào de jiǔdiàn.

小李 : 明天 一起 去 豫园 玩儿，怎么样?
　　　　Míngtiān yìqǐ qù Yùyuán wánr, zěnmeyàng?

木村 : 行。明天 上午 九 点 我 在 大堂 等 你。
　　　　Xíng. Míngtiān shàngwǔ jiǔ diǎn wǒ zài dàtáng děng nǐ.

■練習■

Ⅰ．次の語句にピンインをつけて，日本語の意味を言いなさい。

1) 欢迎 .... 2) 办手续 .... 3) 护照 .... 4) 房间 ....

5) 那边儿 .... 6) 坐电梯 .... 7) 换钱 .... 8) 兑换处 ....

9) 对面 .... 10) 到 .... 11) 酒店 .... 12) 等 ....

Ⅱ．次の日本語を読み，口頭で中国語に訳しなさい。

1．フロント係₁：ようこそ。こんにちは。

　　木村君：すみません。チェックインしたいのですが，これは私のパスポートです。

　　フロント係₁：お客様の部屋は815号室です。そちらのエレベータをご利用ください。

2．木村君：すみません。ここでは両替できますか。

　　フロント係₂：ここでは両替できません。両替所は向かいです。

3．木村君：もしもし，李さんでしょうか。私は木村です。

　　李さん：ようこそ，よくいらっしゃいました。木村君，何時に着いたのですか。

　　木村君：午後4時半にホテルに着いたのです。

　　李さん：明日一緒に豫園へ遊びに行きませんか。

　　木村君：いいよ。明日午前9時にロビーで待っています。

Ⅲ．次の文を朗読しなさい。

> 我住在上海饭店。我的房间是815号。酒店里有兑换处，在那儿可以换钱。明天上午九点我在酒店大堂等小李。我们约好一起出去玩儿。

住在～ zhùzài ～に泊っている　约好 yuēhǎo 約束する

Ⅳ. 下の語句を用いて，下線の部分を入れ替え，会話の練習をしなさい。

1. A：可以抽烟吗？　　　　　　　Kěyǐ chōu yān ma?

   B：可以。　　　　　　　　　　Kěyǐ.

   拍照　　　　　　　　用　信用卡　　　　　　用 铅笔 写
   pāizhào　　　　　　 yòng xìnyòngkǎ　　　　yòng qiānbǐ xiě
   写真を撮る　　　　　クレジットカードで支払う　鉛筆で書く

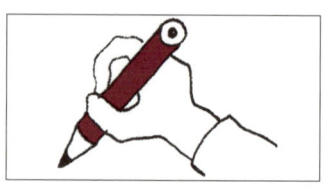

2. A：请问，兑换处在哪儿？　　　Qǐngwèn, duìhuànchù zài nǎr?

   B：兑换处 在 对面。　　　　　Duìhuànchù zài duìmiàn.

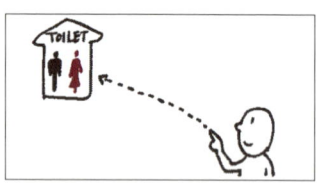

   洗手间　　那边儿　　餐厅　　二 楼　　酒吧　　十八 层
   xǐshǒujiān　nàbianr　cāntīng　èr lóu　jiǔbā　shíbā céng
   お手洗い　　あそこ　　レストラン　2階　　バー　　18階

3. A：你是七点到的吗？　　　　　Nǐ shì qī diǎn dào de ma?

   B：我不是七点到的。　　　　　Wǒ bú shì qī diǎn dào de.

   在 超市 买　　　　　坐 飞机 来　　　　开车 去
   zài chāoshì mǎi　　　zuò fēijī lái　　　 kāichē qù
   スーパーで買う　　　飛行機に乗って来る　車で行く

Ⅴ．次の文を読み，漢字に書き直して，口頭で日本語に訳しなさい。

1．Huānyíng guānglín.

2．Zhè shì wǒ de hùzhào.

3．Nín hǎo! Zhèr kěyǐ huànqián ma?

4．Duìhuànchù zài duìmiàn.

5．Nǐ shì jǐ diǎn dào de?

Ⅵ．次の文を朗読して，口頭で日本語に訳しなさい。

服务员₁ ：欢迎光临。您好！

木村　　：小姐，我要办入住手续。这是我的护照。

服务员₁ ：您的房间是815号。请坐那边儿的电梯上去。

木村　　：先生，这儿可以换钱吗？

服务员₂ ：这儿不能换钱。兑换处在对面。

木村　　：喂，是小李吗？我是木村。

小李　　：欢迎，欢迎。木村，你是几点到的？

木村　　：下午四点半到的酒店。

小李　　：明天一起去豫园玩儿，怎么样？

木村　　：行。明天上午九点我在大堂等你。

挑戦してみよう	中国語の問いを聞き，答えとして最も適当なものを①～④の中から１つ選びなさい。			
問1．	①	②	③	④
問2．	①	②	③	④
問3．	①	②	③	④

第10课　请问，这附近有地铁站吗？
Dì shí kè　　　　Qǐngwèn, zhè fùjìn yǒu dìtiězhàn ma?

■文法■

1 助詞"着"　　"着"は動詞₁の後につき，動詞₂の状況などを表す。

動詞₁＋着＋動詞₂

① 咱们怎么去呢？　　　　　　　　　　　　　私たちはどのように行きますか。
　　Zánmen zěnme qù ne?

　　咱们还是走着去吧。　　　　　　　　　　やはり歩いて行きましょう。
　　Zánmen háishi zǒuzhe qù ba.

② 躺着看书对眼睛不好。　　　　　　　　　　横になって本を読むのは目に悪いです。
　　Tǎngzhe kàn shū duì yǎnjing bù hǎo.

2 二重目的語

動詞＋間接目的語（相手～に）＋直接目的語（～を）

① 能不能告诉我坐几路车？　　　　　　　　　何番のバスに乗るのか，教えていただけませんか。
　　Néng bu néng gàosu wǒ zuò jǐ lù chē?

　　坐105路。　　　　　　　　　　　　　　　105番に乗ってください。
　　Zuò yāolíngwǔ lù.

② 劳驾，请给我发票。　　　　　　　　　　　すみません，領収書をください。
　　Láojià, qǐng gěi wǒ fāpiào.

③ 林老师教过我们汉语。　　　　　　　　　　林先生は私たちに中国語を教えたことがあります。
　　Lín lǎoshī jiāoguo wǒmen Hànyǔ.

3 動態助詞"了"　　動詞の後につき，動作の完了を表す。

動詞＋了＋目的語＋就／再＋動詞＋目的語　　～してから，～する

① 下了车，就去美术馆吗？　　　　　　　　　車を降りたら，すぐに美術館に行きますか。
　　Xiàle chē, jiù qù měishùguǎn ma?

　　不，吃了饭以后，再去吧。　　　　　　　いいえ。ご飯を食べてから，行きましょう。
　　Bù, chīle fàn yǐhòu, zài qù ba.

② 请问，去火车站怎么走？
　　Qǐngwèn, qù huǒchēzhàn zěnme zǒu?

　　到了路口，再往左拐就是。
　　Dàole lùkǒu, zài wǎng zuǒ guǎi jiù shì.

ちょっとお尋ねしますが，（汽車の）駅へはどのように行きますか。

交差点に着いたら，左へ曲がればすぐです。

4 接続詞 "要是"

要是～的话 + 就… もし～ならば，…

① 要是骑车去的话，要多长时间？
　　Yàoshi qí chē qù dehuà, yào duō cháng shíjiān?

自転車で行けば，どれくらい時間がかかりますか。

② 时间紧的话，你就打的去吧。
　　Shíjiān jǐn dehuà, nǐ jiù dǎdī qù ba.

時間がきついなら，タクシーで行ってください。

5 結果補語

結果補語は動詞または形容詞からなり，動詞の後に置き，動作の結果を表す。否定形は "没（有）" を用いる。

動詞 + 結果補語（動詞／形容詞）

① 伊藤，作业做好了吗？
　　Yīténg, zuòyè zuòhǎo le ma?

伊藤さん，宿題をやり終えましたか。

　　还没呢。这些作业今天得做完。
　　Hái méi ne. Zhèi xiē zuòyè jīntiān děi zuòwán.

まだです。これらの宿題は今日中にやり終えなければなりません。

② 你看到山田了没有？
　　Nǐ kàndào Shāntián le méiyou?

山田君を見かけましたか。

　　今天我还没看到他。
　　Jīntiān wǒ hái méi kàndào tā.

今日はまだ見かけていません。

結果補語

看到 kàndào 目に入る	看懂 kàndǒng 読んで分かる	喝完 hēwán 飲み終わる	做好 zuòhǎo やり終える	说错 shuōcuò 言い間違える	借走 jièzǒu 借りていく
买到 mǎidào 手に入る	听懂 tīngdǒng 聞いて分かる	吃完 chīwán 食べ終わる	看好 kànhǎo 読み終える	写错 xiěcuò 書き間違える	骑走 qízǒu 乗っていく

■会話■

木村： 请问，这 附近 有 没有 地铁站？
　　　Qǐngwèn, zhè fùjìn yǒu méiyou dìtiězhàn?

行人₁： 有。地铁站 就 在 前面。从 这儿 能 看到。
xíngrén　Yǒu. Dìtiězhàn jiù zài qiánmiàn. Cóng zhèr néng kàndào.

木村： 请问，南京 路 离 这里 远 不 远？
　　　Qǐngwèn, Nánjīng Lù lí zhèli yuǎn bu yuǎn?

行人₂： 不 怎么 远。走着 去 的话，五 分 钟 左右。
　　　Bù zěnme yuǎn. Zǒuzhe qù dehuà, wǔ fēn zhōng zuǒyòu.

木村： 能 不 能 告诉 我 怎么 走？
　　　Néng bu néng gàosu wǒ zěnme zǒu?

行人₂： 往 前 走，到 了 路口，向 右 拐 就 是。
　　　Wǎng qián zǒu, dàole lùkǒu, xiàng yòu guǎi jiù shì.

木村： 谢谢 您。
　　　Xièxie nín.

司机： 请 上车。您 去 哪儿？
sījī　Qǐng shàngchē. Nín qù nǎr?

木村： 豫园。到 那儿 要 多 长 时间？
　　　Yùyuán. Dào nàr yào duō cháng shíjiān?

司机： 要是 不 堵车 的话，用不了 二十 分 钟。
　　　Yàoshi bù dǔchē dehuà, yòngbuliǎo èrshí fēn zhōng.

■練習■

Ⅰ．次の語句にピンインをつけて，日本語の意味を言いなさい。

1) 请问 .... 2) 附近 .... 3) 地铁站 .... 4) 看到 ....
5) 不怎么 .... 6) 怎么 .... 7) 的话 .... 8) 左右 ....
9) 往 .... 10) 向 .... 11) 堵车 .... 12) 多长时间 ....

Ⅱ．次の日本語を読み，口頭で中国語に訳しなさい。

1．木村君　：ちょっとお尋ねしますが，この近くに地下鉄の駅がありますか。
　　歩行者₁：あります。すぐこの先にあります。ここから見えます。

2．木村君　：ちょっとお尋ねしますが，南京路はここから遠いですか。
　　歩行者₂：そんなに遠くありません。歩いて行ったら，5分ぐらいです。
　　木村君　：どう行ったらいいか，教えていただけないでしょうか。
　　歩行者₂：まっすぐに行って，交差点に着いたら，右へ曲がればすぐです。
　　木村君　：ありがとうございました。

3．タクシー運転手：どうぞご乗車ください。どこへ行かれますか。
　　木村君　　　　：豫園です。豫園までどれくらいかかりますか。
　　タクシー運転手：渋滞していなければ，20分もかかりません。

Ⅲ．次の文を朗読しなさい。

> 我坐出租车去豫园。我问司机到那儿要多长时间。司机告诉我，要是不堵车的话，用不了二十分钟。

出租车 chūzūchē　タクシー　　问 wèn　尋ねる

Ⅳ．下の語句を用いて，下線の部分を入れ替え，会話の練習をしなさい。

1．A：请问，这附近有地铁站吗？　　Qǐngwèn, zhè fùjìn yǒu dìtiězhàn ma?

　　B：有。就在前面。　　　　　　Yǒu. Jiù zài qiánmiàn.

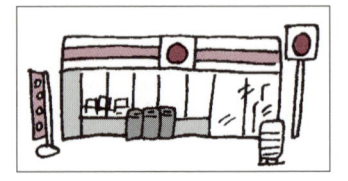

　　停车场　　　　　　　银行　　　　　　　便利店
　　tíngchēchǎng　　　　yínháng　　　　　biànlìdiàn
　　駐車場　　　　　　　銀行　　　　　　　コンビニ

2．A：打的去的话，要多长时间？　　Dǎdī qù dehuà, yào duō cháng shíjiān?

　　B：要二十分钟左右。　　　　　Yào èrshí fēn zhōng zuǒyòu.

　　坐　出租车　　　　　乘　公交车　　　　骑　摩托车
　　zuò chūzūchē　　　chéng gōngjiāochē　　qí mótuōchē
　　タクシーに乗る　　　バスに乗る　　　　バイクに乗る

3．A：咱们下了车就去吗？　　　　Zánmen xiàle chē jiù qù ma?

　　B：不，吃了晚饭再去吧。　　　Bù, chīle wǎnfàn zài qù ba.

　　买　礼物　　　　　　看　电影　　　　　看　画展
　　mǎi lǐwù　　　　　kàn diànyǐng　　　　kàn huàzhǎn
　　プレゼントを買う　　映画を見る　　　　絵の展覧会を見る

V．次の文を読み，漢字に書き直して，口頭で日本語に訳しなさい。

1．Qǐngwèn, zhè fùjìn yǒu méiyou dìtiězhàn?
2．Zǒuzhe qù, yòngbuliǎo wǔ fēn zhōng.
3．Néng bu néng gàosu wǒ zěnme zǒu?
4．Dào nàr yào duō cháng shíjiān?
5．Yào èrshí fēn zhōng zuǒyòu.

VI．次の文を朗読して，口頭で日本語に訳しなさい。

木村　：请问，这附近有没有地铁站？

行人₁：有。地铁站就在前面。从这儿能看到。

木村　：请问，南京路离这里远不远？

行人₂：不怎么远。走着去的话，五分钟左右。

木村　：能不能告诉我怎么走？

行人₂：往前走，到了路口，向右拐就是。

木村　：谢谢您。

司机：请上车。您去哪儿？

木村：豫园。到那儿要多长时间？

司机：要是不堵车的话，用不了二十分钟。

挑戦してみよう	中国語の問いを聞き，答えとして最も適当なものを①〜④の中から１つ選びなさい。			
問1．	①	②	③	④
問2．	①	②	③	④
問3．	①	②	③	④

第11课　让我看一下菜单
Dì shíyī kè　Ràng wǒ kàn yíxià　càidān

■文法■

1 "～，是吗？/ 是不是？"　物事を確かめる疑問文。

① 你累了，是不是？　　　　　　　　　　　疲れたでしょうね。
　　Nǐ lèi le, shì bu shì?

　　不。我不累。　　　　　　　　　　　　　いいえ，疲れていません。
　　Bù. Wǒ bú lèi.

② 听说她快要结婚了，是吗？　　　　　　　彼女はもうすぐ結婚するそうですよね。
　　Tīngshuō tā kuàiyào jiéhūn le, shì ma?

　　是的。我也听说了。　　　　　　　　　　そうです。私も聞きました。
　　Shì de. Wǒ yě tīngshuō le.

2 禁止の表現

別／不要 ＋ 動詞　　～しないでください　～してはいけません

① 别客气，请吃吧。　　　　　　　　　　　遠慮しないで，召しがってください。
　　Bié kèqi, qǐng chī ba.

② 不要告诉他我的电话号码。　　　　　　　私の電話番号を彼に教えないでください。
　　Búyào gàosu tā wǒ de diànhuà hàomǎ.

3 兼語文　述語の部分が二つの動詞から構成され，目的語₁が同時に動詞₂の主語にもなっている構文を兼語文という。使役の意味を持つ動詞"让，叫"を用いた文も兼語文になる。否定詞は動詞₁の前につける。

A（主語） ＋ 让／叫（動詞₁） ＋ B（目的語₁・動詞₂の主語） ＋ 動詞₂ ＋ 目的語₂

AはBに～させる／AはBに～するように言った

① 让我考虑考虑。　　　　　　　　　　　　（私に）ちょっと考えさせてください。
　　Ràng wǒ kǎolù kǎolù.

② 我父母不让我去。　　　　　　　　　　　両親は行かせてくれません。
　　Wǒ fùmǔ bú ràng wǒ qù.

③ 老师叫大家练习会话。　　　　　　　　　先生はみんなに会話の練習をするよう
　　Lǎoshī jiào dàjiā liànxí huìhuà.　　　　に言いました。

4 動詞＋"一下"・動詞の重ね型　　　150

[動詞＋一下]　[動詞＋動詞]　ちょっと〜する

① 请等一下。　　　请等等。（请等一等。）　ちょっと待ってください。
　　Qǐng děng yíxià.　Qǐng děngdeng. (Qǐng děng yi děng.)

② 大家休息一下吧。　　大家休息休息吧。　　みなさん少し休憩しましょう。
　　Dàjiā xiūxi yíxià ba.　　Dàjiā xiūxi xiūxi ba.

③ 咱们散一下步吧。　　咱们散散步吧。　　一緒に散歩しましょう。
　　Zánmen sàn yíxià bù ba.　　Zánmen sànsànbù ba.

5 構造助詞"得"　動作・行為の状態を示す様態補語を導く。　151

[（動詞）＋目的語] ＋ [動詞＋得] ＋ [様態補語（形容詞など）]

① 你说汉语说得真好！　　　　　　　　　あなたは本当に中国語を上手に話して
　　Nǐ shuō Hànyǔ shuōde zhēn hǎo!　　　いますね。

　　哪里哪里。我说得还不流利。　　　　　どういたしまして，まだ流暢ではあり
　　Nǎli nǎli. Wǒ shuōde hái bù liúlì.　　　ません。

② 你睡觉睡得很晚吗?　　　　　　　　　あなたは寝るのが遅いですか。
　　Nǐ shuìjiào shuìde hěn wǎn ma?

　　不。我每天都睡得很早。　　　　　　　いいえ，私は毎日早く寝ます。
　　Bù. Wǒ měi tiān dōu shuìde hěn zǎo.

離合動詞（2音節で，その間にほかの成分を挿入できる動詞）　152

上课 shàng//kè 授業を受ける	下课 xià//kè 授業が終わる	上班 shàng//bān 出勤する	下班 xià//bān 退勤する	打工 dǎ//gōng バイトをする	起床 qǐ//chuáng 起きる	洗澡 xǐ//zǎo 風呂に入る	睡觉 shuì//jiào 寝る
散步 sàn//bù 散歩する	跑步 pǎo//bù 走る	滑雪 huá//xuě スキーをする	游泳 yóu//yǒng 泳ぐ	留学 liú//xué 留学する	毕业 bì//yè 卒業する	结婚 jié//hūn 結婚する	上网 shàng//wǎng インターネットをする

■会話

小李 ：木村，你走累了，是吗？
　　　Mùcūn, nǐ zǒulèi le, shì ma?

木村 ：不，不累。不过有点儿饿了。
　　　Bù, bú lèi. Búguò yǒudiǎnr è le.

小李 ：那咱们先吃饭，然后再去新天地吧。
　　　Nà zánmen xiān chīfàn, ránhòu zài qù Xīntiāndì ba.

小李 ：今天我请客。别客气。
　　　Jīntiān wǒ qǐngkè. Bié kèqi.

木村 ：不好意思，谢谢！让我看一下菜单。
　　　Bù hǎoyìsi, xièxie! Ràng wǒ kàn yíxià càidān.

小李 ：你汉语说得挺好的！你用汉语点菜吧。
　　　Nǐ Hànyǔ shuōde tǐng hǎo de! Nǐ yòng Hànyǔ diǎn cài ba.

木村 ：服务员，点菜。要一个糖醋鱼、一个酸辣汤和两
　　　Fúwùyuán, diǎn cài. Yào yí ge tángcùyú, yí ge suānlàtāng hé liǎng

　　　笼小笼包。
　　　lóng xiǎolóngbāo.

服务员：要不要茶水？
　　　Yào bu yào cháshuǐ?

　　　有茉莉花茶、乌龙茶、普洱茶。
　　　Yǒu mòli huāchá, wūlóngchá, pǔ'ěrchá.

木村 ：来一壶花茶吧。
　　　Lái yì hú huāchá ba.

服务员：明白了。请稍等。
　　　Míngbai le. Qǐng shāo děng.

■練習■

第11課

Ⅰ．次の語句にピンインをつけて，日本語の意味を言いなさい。

154

1) 走累 _____ 2) 不过 _____ 3) 饿 _____ 4) 然后 _____

5) 请客 _____ 6) 客气 _____ 7) 菜单 _____ 8) 挺~的 _____

9) 点菜 _____ 10) 要 _____ 11) 来 _____ 12) 明白 _____

Ⅱ．次の日本語を読み，口頭で中国語に訳しなさい。

1．李さん：木村君，歩き疲れたでしょうね。

　　木村君：いいえ，疲れていませんが，少しお腹がすきました。

　　李さん：それでは，まず食事をして，それから新天地に行きましょう。

2．李さん：今日，私がおごりますので，どうぞ遠慮しないでください。

　　木村君：恐れ入ります。どうもありがとう。ちょっとメニューを見せてください。

　　李さん：あなたの中国語はとてもうまいですよ。中国語で注文してください。

3．木村君：すみません，料理を注文します。魚の甘酢あんかけ一つ，酸味のスープ一つ，ショーロンポー二人前，お願いします。

　　店員：お茶はいかがですか。ジャスミン茶，ウーロン茶，プーアル茶があります。

　　木村君：ジャスミン茶をお願いします。

　　店員：かしこまりました。少々お待ちください。

Ⅲ．次の文を朗読しなさい。

155

> 今天小李请客。小李让我用汉语点菜。我点了糖醋鱼、酸辣汤和小笼包。还要了一壶花茶。服务员听懂了我说的话，我很高兴。

Ⅳ. 下の語句を用いて，下線の部分を入れ替え，会話の練習をしなさい。

1. A：你<u>说汉语</u>说得怎么样？　　Nǐ <u>shuō Hànyǔ</u> shuōde zěnmeyàng?

   B：<u>说</u>得不太好　　　　　　　<u>Shuō</u>de bú tài hǎo.

   做 菜　　　　　　　弹 钢琴　　　　　　打 棒球
   zuò cài　　　　　　tán gāngqín　　　　dǎ bàngqiú
   料理を作る　　　　ピアノを弾く　　　野球をする

2. A：您要什么？　　　　　　　　Nín yào shénme?

   B：要<u>一个麻婆豆腐</u>。　　　　Yào <u>yí ge mápó dòufu</u>.

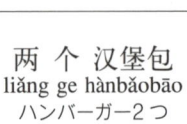

   两 个 汉堡包　　　　一 碗　面条儿　　　一 瓶 啤酒
   liǎng ge hànbǎobāo　yì wǎn miàntiáor　yì píng píjiǔ
   ハンバーガー2つ　　ラーメン1つ　　　ビール1本

3. A：要不要酒水？　　　　　　　Yào bu yào jiǔshuǐ?

   B：要<u>花茶</u>。　　　　　　　　Yào <u>huāchá</u>.

   可乐　　　　老酒　　　　葡萄酒　　　　鸡尾酒
   kělè　　　　lǎojiǔ　　　pútaojiǔ　　　jīwěijiǔ
   コーラ　　　ラオチュウ　ワイン　　　　カクテル

V. 次の文を読み，漢字に書き直して、口頭で日本語に訳しなさい。

1. Wǒ yǒudiǎnr lèi le.

2. Zánmen xiān chīfàn, ránhòu zài qù ba.

3. Jīntiān wǒ qǐngkè.

4. Ràng wǒ kàn yíxià càidān.

5. Nǐ Hànyǔ shuōde tǐng hǎo de.

VI. 次の文を朗読して，口頭で日本語に訳しなさい。

小李：木村，你走累了，是吗？

木村：不，不累。不过有点儿饿了。

小李：那咱们先吃饭，然后再去新天地吧。

小李：今天我请客。别客气。

木村：不好意思，谢谢！让我看一下菜单。

小李：你汉语说得挺好的！你用汉语点菜吧。

木村　：服务员，点菜。要一个糖醋鱼、一个酸辣汤和两笼小笼包。

服务员：要不要茶水？有茉莉花茶、乌龙茶、普洱茶。

木村　：来一壶花茶吧。

服务员：明白了。请稍等。

挑戦してみよう	中国語を聞き，問1～問3に対する答えとして最も適当なものを①～④の中から1つ選びなさい。			
問1.	①	②	③	④
問2.	①	②	③	④
問3.	①	②	③	④

第12课　那套剪纸多少钱？
Dì shí'èr kè　　Nèi tào jiǎnzhǐ duōshao qián?

■文法■

1 金銭の言い方

人民元の単位　元 yuán　　角 jiǎo　　分 fēn（書き言葉）　　1元＝10角＝100分
　　　　　　　块 kuài　　毛 máo　　分 fēn（話し言葉）

日本円の単位　日元 rìyuán

① 这个多少钱？　　　　　　　　　　　　　　これはいくらですか。
　　Zhèige duōshao qián?

　　四百二十块九毛五分。　　　　　　　　　420元9角5分です。
　　Sìbǎi èrshí kuài jiǔ máo wǔ fēn.

② 一共花了两万八千日元。　　　　　　　　合計で2万8千円使いました。
　　Yígòng huāle liǎngwàn bāqiān rìyuán.

2 "又～又…"　動作や状態の並列を表す。「～でもあり，また…でもある」

① 这种苹果又大又甜。　　　　　　　　　　この種のリンゴは大きいし，甘いです。
　　Zhèi zhǒng píngguǒ yòu dà yòu tián.

② 大家又说又笑，真热闹！　　　　　　　　みんな話したり笑ったりして，本当に
　　Dàjiā yòu shuō yòu xiào, zhēn rènao!　　　ぎやかです。

3 比較表現

A ＋ 比B ＋ ～　　AはBより～
A ＋ 没有B ＋ (那么／这么) ～　　AはBほど～でない
　　　　　　　　　　　　　●"A 比 B～"の否定文としてよく用いられる。

① 这个比那个贵一点儿。　　　　　　　　　これはそれより少し値段が高いです。
　　Zhèige bǐ nèige guì yìdiǎnr.

② 这个月比上个月还忙吗？　　　　　　　　今月は先月よりもっと忙しいですか。
　　Zhèige yuè bǐ shàng ge yuè hái máng ma?

　　不，没有上个月那么忙。　　　　　　　　いいえ，先月ほど忙しくありません。
　　Bù, méiyou shàng ge yuè nàme máng.

③ 北京夏天没有大阪热。　　　　　　北京の夏は大阪ほど暑くありません。
　　Běijīng xiàtiān méiyou Dàbǎn rè.

4 "被" 構文

前置詞 "被／让／叫" を用いた文は受身表現になる。否定詞は "被／让／叫" の前に置く。"让／叫" は話し言葉で用いられ、Bが省略できない。

A ＋ 被（＋B）・让／叫＋B ＋ 動詞＋ほかの成分　　AはBによって～される

① 衣服都被雨淋湿了。　　　　　　　服は雨に濡れてしまいました。
　　Yīfu dōu bèi yǔ línshī le.

② 听说他的钱包让人偷了。　　　　　彼の財布は盗まれたそうです。
　　Tīngshuō tā de qiánbāo ràng rén tōu le.

③ 我被老师表扬了。　　　　　　　　私は先生に褒められました。
　　Wǒ bèi lǎoshī biǎoyáng le.

5 助動詞 "会"　可能性があることを表す。

会 ＋ 動詞＋目的語 ＋（的）　～だろう／～するはずだ

① 今天会下雨吗？　　　　　　　　　今日は雨が降るでしょうか。
　　Jīntiān huì xià yǔ ma?

　　看样子不会下雨的。　　　　　　　見たところ、雨は降りそうにありません。
　　Kàn yàngzi bú huì xià yǔ de.

② 他会不会来？　　　　　　　　　　彼は来るでしょうか。
　　Tā huì bu huì lái?

　　别急！他一定会来的。　　　　　　焦らないで、彼はきっと来るはずです。
　　Bié jí! Tā yídìng huì lái de.

数

零	十	二十	一百	二百	一千	两千	一万	两万
líng	shí	èrshí	yìbǎi	èrbǎi	yìqiān	liǎngqiān	yíwàn	liǎngwàn
0	10	20	100	200	1000	2000	10000	20000

一百零一	一百一（十）	一千零一	一千一（百）	一千零一十
yìbǎi líng yī	yìbǎi yī(shí)	yìqiān líng yī	yìqiān yī(bǎi)	yìqiān líng yīshí
101	110	1001	1100	1010

会話

售货员： 先生，您要买点儿什么？
shòuhuòyuán　Xiānsheng, nín yào mǎi diǎnr shénme?

木村： 那套剪纸多少钱？
　　　Nèi tào jiǎnzhǐ duōshao qián?

售货员： 三十块钱。
　　　　Sānshí kuài qián.

木村： 有没有便宜一点儿的？
　　　Yǒu méiyou piányi yìdiǎnr de?

售货员： 有。这套怎么样？又漂亮又便宜。
　　　　Yǒu. Zhèi tào zěnmeyàng? Yòu piàoliang yòu piányi.

木村： 这套比那套便宜多少钱？
　　　Zhèi tào bǐ nèi tào piányi duōshao qián?

售货员： 便宜十块，一套才二十块钱。
　　　　Piányi shí kuài, yí tào cái èrshí kuài qián.

木村： 那么，我买五套吧。
　　　Nàme, wǒ mǎi wǔ tào ba.

木村： 小李，我觉得嗓子有点儿疼。
　　　Xiǎo Lǐ, wǒ juéde sǎngzi yǒudiǎnr téng.

小李： 昨晚被雨淋了，会不会着凉了？
　　　Zuówǎn bèi yǔ lín le, huì bu huì zháoliáng le?

木村： 也许吧。前面有家中药店，进去看看吧。
　　　Yěxǔ ba. Qiánmiàn yǒu jiā zhōngyàodiàn, jìnqu kànkan ba.

練習

第12課

Ⅰ．次の語句にピンインをつけて，日本語の意味を言いなさい。

1) 套 .... 2) 剪纸 .... 3) 多少钱 .... 4) 便宜 ....

5) 一点儿 .... 6) 漂亮 .... 7) 才 .... 8) 嗓子 ....

9) 着凉 .... 10) 也许 .... 11) 家 .... 12) 中药 ....

Ⅱ．次の日本語を読み，口頭で中国語に訳しなさい。

1．店員　：お客様，何かお探しですか。

　　木村君：あのセットの切り絵はいくらですか。

　　店員　：30元です。

2．木村君：少し安いのがありますか。

　　店員　：あります。このセットはいかがでしょうか。綺麗で，安いです。

　　木村君：このセットはそのセットよりいくら安いですか。

　　店員　：10元安いです。1セットでたった20元です。

　　木村君：それでは，5セット買います。

3．木村君：李さん，ちょっとのどが痛いです。

　　李さん：昨晩雨に降られたので，風邪を引いたのでしょうか。

　　木村君：そうかもしれませんね。この先にある漢方薬の店に，入ってみましょう。

Ⅲ．次の文を朗読しなさい。

> 商店里有很多剪纸。有贵的，也有便宜的。我买的剪纸又漂亮又便宜，一套才二十块钱。我买了五套，一共花了一百块钱。

Ⅳ. 下の語句を用いて，下線の部分を入れ替え，会話の練習をしなさい。

1. A：这个多少钱？　　　　　　　Zhèige duōshao qián?

   B：这个<u>十五块钱</u>。　　　　　Zhèige <u>shíwǔ kuài qián</u>.

   五千　日元　　　　　三百　美元　　　　　七十　欧元
   wǔqiān　rìyuán　　　sānbǎi　měiyuán　　qīshí　ōuyuán
   5千円　　　　　　　　3百ドル　　　　　　70ユーロ

2. A：有没有<u>便宜</u>一点儿的？　　Yǒu méiyou <u>piányi</u> yìdiǎnr de?

   B：有。这<u>套</u>怎么样？　　　　Yǒu. Zhèi <u>tào</u> zěnmeyàng?

   大・双　　　　　　　小・件　　　　　　　长・条
   dà　shuāng　　　　　xiǎo　jiàn　　　　　cháng　tiáo
   大きい・足　　　　　小さい・枚　　　　　長い・着

3. A：你怎么了？哪儿不舒服？　　Nǐ zěnme le? Nǎr bù shūfu?

   B：我<u>嗓子疼</u>。　　　　　　　Wǒ <u>sǎngzi téng</u>.

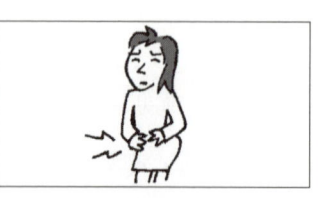

   头　疼　　　　　　　肚子　痛　　　　　　咳嗽
   tóu téng　　　　　　dùzi tòng　　　　　késou
   頭が痛い　　　　　　お腹が痛い　　　　　咳をする

Ⅴ．次の質問文を読んで，漢字に書き直して，口頭で日本語に訳しなさい。

1．Nèi tào jiǎnzhǐ duōshao qián?

2．Yòu piàoliang yòu piányi.

3．Zhèi tào bǐ nèi tào piányi shí kuài qián.

4．Wǒ juéde sǎngzi yǒudiǎnr téng.

5．Jìnqu kànkan ba.

Ⅵ．次の文を朗読して，口頭で日本語に訳しなさい。

售货员：先生，您要买点儿什么？

木村　：那套剪纸多少钱？

售货员：三十块钱。

木村　：有没有便宜一点儿的？

售货员：有。这套怎么样？又漂亮又便宜。

木村　：这套比那套便宜多少钱？

售货员：便宜十块，一套才二十块钱。

木村　：那么，我买五套吧。

木村　：小李，我觉得嗓子有点儿疼。

小李　：昨晚被雨淋了，会不会着凉了？

木村　：也许吧。前面有家中药店，进去看看吧。

挑戦してみよう	中国語を聞き，問1〜問3に対する答えとして最も適当なものを①〜④の中から1つ選びなさい。			
問1.	①	②	③	④
問2.	①	②	③	④
問3.	①	②	③	④

第13课　熊猫真可爱！
Dì shísān kè　　Xióngmāo zhēn kě'ài!

■文法■

1 "一～，就…"　前後二つの動作や情況がほぼ同時に発生することを表す。
「～すると，（すぐ）…」

① 山田一下课就回家去了。　　　　　　　　山田さんは授業が終わると，すぐ家に
　　Shāntián yí xiàkè jiù huí jiā qù le.　　　　帰っていきました。

② 这儿真热闹！　　　　　　　　　　　　　ここは本当に賑やかですね。
　　Zhèr zhēn rènao!

　　听说一到节日，就更热闹了。　　　　　　祝祭日になると，もっと賑やかになる
　　Tīngshuō yí dào jiérì, jiù gèng rènao le.　　そうです。

2 "因为～，所以…"　「～ので，だから…」

① 大家为什么都喜爱熊猫？　　　　　　　　みなさんはなぜパンダが好きですか。
　　Dàjiā wèi shénme dōu xǐ'ài xióngmāo?

　　因为熊猫长得很可爱。　　　　　　　　　パンダはとても可愛いからです。
　　Yīnwèi xióngmāo zhǎngde hěn kě'ài.

② 你怎么又迟到了？　　　　　　　　　　　どうしてまた遅刻したのですか。
　　Nǐ zěnme yòu chídào le?

　　因为堵车，所以晚到了。　　　　　　　　渋滞していたので，遅れました。
　　Yīnwèi dǔchē, suǒyǐ wǎndào le.

3 助詞"着"　動作・状態の持続を表す。

1) 場所～に ＋ 動詞＋着～している／してある ＋ 人・物事～が

　　　　　　　　　　　　　　　　　　　　　　～に～が～してある

① 桌子上放着一台电脑。　　　　　　　　　机の上にパソコンが1台置いてあります。
　　Zhuōzi shang fàngzhe yì tái diànnǎo.

② 黑板上写着什么？　　　　　　　　　　　黒板になにが書いてありますか。
　　Hēibǎn shang xiězhe shénme?

2) 動詞 ＋ 着 ＋ 目的語　～している　●副詞"正／正在／在"と併用することもできる。

③ 外头正下着雪呢。　　　　　　　　　　　　外は雪が降っていますよ。
　　Wàitou zhèng xiàzhe xuě ne.

④ 戴着眼镜的是你哥哥吧？　　　　　　　　眼鏡をかけている方はお兄さんでしょ
　　Dàizhe yǎnjìng de shì nǐ gēge ba?　　　うか。

4　副詞"正／正在"　動作の進行中を表す。「ちょうど～しているところだ」

① 你在干什么？　　　　　　　　　　　　　何をしていますか。
　　Nǐ zài gàn shénme?

　　我正在打扫房间呢。　　　　　　　　　　部屋の掃除をしているところですよ。
　　Wǒ zhèngzài dǎsǎo fángjiān ne.

② 铃木正打电话呢。　　　　　　　　　　　鈴木君は電話中ですよ。
　　Língmù zhèng dǎ diànhuà ne.

5　"把"構文　前置詞"把"を用いた文は物事をどう処置するかを表す動詞述語文の一種である。助動詞や否定詞などは"把"の前に置く。

主語 ＋ 把＋目的語～を ＋ 動詞＋ほかの成分

① 我把熊猫的照片带来了。　　　　　　　　私はパンダの写真を持ってきました。
　　Wǒ bǎ xióngmāo de zhàopiàn dàilai le.

　　快给我看看。　　　　　　　　　　　　　はやく見せてください。
　　Kuài gěi wǒ kànkan.

② 你怎么没把照相机带来？　　　　　　　　どうしてカメラを持ってこなかったの
　　Nǐ zěnme méi bǎ zhàoxiàngjī dàilai?　　ですか。

　　很抱歉，我忘了。　　　　　　　　　　　申し訳ありません。忘れました。
　　Hěn bàoqiàn, wǒ wàng le.

季節と天候

季节 jìjié 季節	春天 chūntiān 春	暖和 nuǎnhuo 暖かい	夏天 xiàtiān 夏	热 rè 暑い	秋天 qiūtiān 秋	凉快 liángkuai 涼しい	冬天 dōngtiān 冬	冷 lěng 寒い
天气 tiānqì 天気	晴天 qíngtiān 晴れ	阴天 yīntiān 曇り	雨天 yǔtiān 雨	下雨 xià yǔ 雨が降る		下雪 xià xuě 雪が降る	刮风 guā fēng 風が吹く	台风 táifēng 台風

会話

木村：熊猫馆 里 人 真 多！
Xióngmāoguǎn li rén zhēn duō!

小李：听说 一 到 节假日，游客 就 更 多 了。
Tīngshuō yí dào jiéjiàrì, yóukè jiù gèng duō le.

木村：大人 也好，小孩儿 也好，都 喜爱 熊猫。
Dàren yěhǎo, xiǎoháir yěhǎo, dōu xǐ'ài xióngmāo.

小李：是 啊。因为 熊猫 太 可爱 了。
Shì a. Yīnwèi xióngmāo tài kě'ài le.

木村：树 下 坐着 一 只 大熊猫，真 可爱！
Shù xià zuòzhe yì zhī dàxióngmāo, zhēn kě'ài!

小李：你 看，那 只 熊猫 正在 吃 竹子 呢。
Nǐ kàn, nèi zhī xióngmāo zhèngzài chī zhúzi ne.

木村：快 把 相机 给 我。我 给 你 照 张 相。
Kuài bǎ xiàngjī gěi wǒ. Wǒ gěi nǐ zhào zhāng xiàng.

小李：劳驾，请 帮 我们 按 一下 快门，好 吗？
Láojià, qǐng bāng wǒmen àn yíxià kuàimén, hǎo ma?

游客：好。准备好 了 没有？照 了，
Hǎo. Zhǔnbèihǎo le méiyou? Zhào le,

一、二、三。
yī、èr、sān.

小李：谢谢 您。
Xièxie nín.

練習

第13課

I. 次の語句にピンインをつけて，日本語の意味を言いなさい。

1) 节假日 ……………　2) 大人 ……………　3) 小孩儿 ……………　4) ～也好 ……………

5) 树下 ……………　6) 只 ……………　7) 可爱 ……………　8) 相机 ……………

9) 照相 ……………　10) 张 ……………　11) 帮 ……………　12) 按快门 ……………

II. 次の日本語を読み，口頭で中国語に訳しなさい。

1. 木村君：パンダ館は人が本当に多いですね。

   李さん：祝日休日になると，観光客はもっと多くなるそうです。

   木村君：大人でも，子供でも，みんなパンダが好きです。

   李さん：そうですね。パンダはとても可愛いからです。

2. 木村君：木の下に一頭のパンダが座っていて，本当に可愛いです。

   李さん：ほら，あのパンダは笹を食べているところですよ。

   木村君：はやくカメラをください。写真を撮ってあげます。

3. 李さん：すみません。シャッターを押してくださいませんか。

   観光客：いいですよ。用意ができましたか。撮りまーす。1，2，3。

   李さん：ありがとうございました。

III. 次の文を朗読しなさい。

> 大人也好，小孩儿也好，都喜爱熊猫。因为熊猫太可爱了。你看，树下坐着一只大熊猫，正在吃竹子呢。我拍了很多熊猫的照片。

拍照片 pāi zhàopiàn 写真を撮る

Ⅳ．下の語句を用いて，下線の部分を入れ替え，会話の練習をしなさい。

1．A：你们在干什么？　　　　　　　Nǐmen zài gàn shénme?

　　B：我们正在<u>吃饭</u>呢。　　　　　Wǒmen zhèngzài <u>chīfàn</u> ne.

看　樱花
kàn　yīnghuā
花見をする

插花
chāhuā
生け花をする

照相
zhàoxiàng
写真を撮る

2．A：请帮我<u>按一下快门</u>，好吗？　　Qǐng bāng wǒ <u>àn yíxià kuàimén</u>, hǎo ma?

　　B：好。　　　　　　　　　　　　Hǎo.

查　一下　电话　号码
chá　yíxià　diànhuà　hàomǎ
電話番号を調べる

买　张　票
mǎi　zhāng piào
切符を買う

叫　辆　出租车
jiào　liàng　chūzūchē
タクシーを呼ぶ

3．A：快把<u>照相机</u>给我！　　　　　Kuài bǎ <u>zhàoxiàngjī</u> gěi wǒ!

　　B：等等，马上就给你。　　　　　Děngdeng, mǎshàng jiù gěi nǐ.

机票
jīpiào
航空券

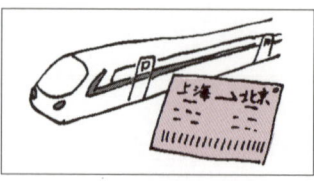

车票
chēpiào
乗車券

手机
shǒujī
携帯電話

Ⅴ．次の文を読み，漢字に書き直して，口頭で日本語に訳しなさい。

1．Dàren yěhǎo, xiǎoháir yěhǎo, dōu xǐ'ài xióngmāo.

2．Shù xià zuòzhe yì zhī xióngmāo.

3．Wǒ gěi nǐ zhào zhāng xiàng.

4．Qǐng bāng wǒmen àn yíxià kuàimén.

5．Zhǔnbèihǎo le méiyou?

Ⅵ．次の文を朗読して，口頭で日本語に訳しなさい。

木村：熊猫馆里人真多！

小李：听说一到节假日，游客就更多了。

木村：大人也好，小孩儿也好，都喜爱熊猫。

小李：是啊。因为熊猫太可爱了。

木村：树下坐着一只大熊猫，真可爱！

小李：你看，那只熊猫正在吃竹子呢。

木村：快把相机给我。我给你照张相。

小李：劳驾，请帮我们按一下快门，好吗？

游客：好。准备好了没有？照了，一、二、三。

小李：谢谢您。

挑戦してみよう	中国語の問いを聞き，答えとして最も適当なものを①〜④の中から1つ選びなさい。			
問1.	①	②	③	④
問2.	①	②	③	④
問3.	①	②	③	④

第14课　你听得懂上海话吗？
Dì shísì kè　　Nǐ tīngdedǒng Shànghǎihuà ma?

■文法■

1 二つの"了"の併用　　動作・行為が現時点まで続いていることを表す。

動詞 ＋ 了 ＋ 持続時間・回数・数量 ＋ 目的語 ＋ 了　　　〜している／〜した
(動詞) ＋目的語＋動詞 ＋ 了 ＋ 持続時間・回数・数量 ＋ 了　〜している／〜した

① 你学了多长时间汉语了？　　　　　　　　中国語をどれくらい勉強していますか。
　 Nǐ xuéle duō cháng shíjiān Hànyǔ le?

　 快一年了。　　　　　　　　　　　　　　もうすぐ1年です。
　 Kuài yì nián le.

② 这篇课文你念了几遍了？　　　　　　　　この本文を何回朗読しましたか。
　 Zhèi piān kèwén nǐ niànle jǐ biàn le?

　 我已经念了两遍了。　　　　　　　　　　すでに2回朗読しました。
　 Wǒ yǐjīng niànle liǎng biàn le.

2 "虽然〜，但是…"　逆接を表す複文で，"虽然"は省略もできる。

虽然〜, 但是（可是／但／可／不过）…　　〜であるが，しかし…

① 学外语虽然很难，可是很有意思。　　　　外国語を学ぶことは難しいが，面白い。
　 Xué wàiyǔ suīrán hěn nán, kěshì hěn yǒu yìsi.

② 我都知道，但是我不愿意告诉他。　　　　私は全部知っているが，彼に言いたくない。
　 Wǒ dōu zhīdao, dànshì wǒ bú yuànyì gàosu tā.

3 "越〜越…"　「〜であればあるほど…だ」

① 这个怎么样？　　　　　　　　　　　　　これはどうですか。
　 Zhèige zěnmeyàng?

　 不错。我越看越喜欢。　　　　　　　　　いいですね。見れば見るほど気に入っています。
　 Búcuò.　Wǒ yuè kàn yuè xǐhuan.

② 他汉语越说越流利了。　　　　　　　　　彼の中国語はますます流暢になりました。
　 Tā Hànyǔ yuè shuō yuè liúlì le.

4 可能補語

結果補語か方向補語の前に"得"がくると，可能補語になり，可能を表す。否定形は"得"を取り除き，"不"を入れる。

195

動詞 + 得 + 結果補語・方向補語　　　動詞 + 不 + 結果補語・方向補語

① 你看得懂中文报吗?　　　　　　　　中国語の新聞が読めますか。
　　Nǐ kàndedǒng Zhōngwén bào ma?

　　我还看不懂。　　　　　　　　　　まだ読めません。
　　Wǒ hái kànbudǒng.

② 早上五点你起得来起不来?　　　　　朝5時に起きられますか。
　　Zǎoshang wǔ diǎn nǐ qǐdelái qǐbulái?

　　太早了，我起不来。　　　　　　　早すぎて，起きられません。
　　Tài zǎo le, wǒ qǐbulái.

5 "一点儿也（／都）" + 否定形　少しも～でない。

196

① 你听得懂广东话吗?　　　　　　　　広東語を聞いて分かりますか。
　　Nǐ tīngdedǒng Guǎngdōnghuà ma?

　　我一点儿也听不懂。　　　　　　　聞いて少しも分かりません。
　　Wǒ yìdiǎnr yě tīngbudǒng.

② 这个菜辣不辣?　　　　　　　　　　この料理は辛いですか。
　　Zhèige cài là bu là?

　　这个菜一点儿都不辣。　　　　　　この料理は少しも辛くありません。
　　Zhèige cài yìdiǎnr dōu bú là.

可能補語

197

买得到	听得懂	听得清楚	去得了	来得了	回得来
mǎidedào	tīngdedǒng	tīngdeqīngchu	qùdeliǎo	láideliǎo	huídelái
買える	聞き取れる	はっきりと聞き取れる	行ける	来られる	帰ってこられる
买不到	听不懂	听不清楚	去不了	来不了	回不来
mǎibudào	tīngbudǒng	tīngbuqīngchu	qùbuliǎo	láibuliǎo	huíbulái
買えない	聞き取れない	はっきりと聞き取れない	行けない	来られない	帰ってこられない

■会话

李母 Lǐ mǔ： 你 汉语 学了 多 长 时间 了？
Nǐ Hànyǔ xuéle duō cháng shíjiān le?

木村： 已经 学了 一 年 了。
Yǐjīng xuéle yì nián le.

李母： 汉语 怎么样？挺 难 的 吧？
Hànyǔ zěnmeyàng? Tǐng nán de ba?

木村： 汉语 虽然 很 难，但是 我 觉得 越 学 越 有 意思。
Hànyǔ suīrán hěn nán, dànshì wǒ juéde yuè xué yuè yǒu yìsi.

李母： 你 听得懂 上海话 吗？
Nǐ tīngdedǒng Shànghǎihuà ma?

木村： 我 一点儿 也 听不懂。不过 普通话 还 能 听懂 一些。
Wǒ yìdiǎnr yě tīngbudǒng. Búguò pǔtōnghuà hái néng tīngdǒng yìxiē.

李母： 这 次 你 在 上海 玩儿得 怎么样？
Zhè cì nǐ zài Shànghǎi wánrde zěnmeyàng?

木村： 玩儿得 很 开心。不但 游览了 很 多 景点，而且 还 品尝了 很 多 美食。
Wánrde hěn kāixīn. Búdàn yóulǎnle hěn duō jǐngdiǎn, érqiě hái pǐnchángle hěn duō měishí.

李母： 是 吗？那 今天 就 请 你 尝尝 上海 的 家常菜。
Shì ma? Nà jīntiān jiù qǐng nǐ chángchang Shànghǎi de jiācháng cài.

李父 Lǐ fù： 来，为 我们 的 友谊，干杯！
Lái, wèi wǒmen de yǒuyì, gānbēi!

■練習■

Ⅰ. 次の語句にピンインをつけて，日本語の意味を言いなさい。

1) 已经 …………… 2) 虽然 …………… 3) 但是 …………… 4) 有意思 ……………

5) 普通话 …………… 6) 一些 …………… 7) 这次 …………… 8) 开心 ……………

9) 不但 …………… 10) 而且 …………… 11) 尝 …………… 12) 为 ……………

Ⅱ. 次の日本語を読み，口頭で中国語に訳しなさい。

1. 李さんの母親：あなたは中国語をどれくらい習っていますか。

   木村君　　　：もう1年間習っています。

   李さんの母親：中国語はどうですか。とても難しいでしょう？

   木村君　　　：中国語は難しいけれど，習えば習うほど，面白く感じます。

2. 李さんの母親：上海語を聞いて分かりますか。

   木村君　　　：聞いて全然分かりません。でも標準語はまだ多少聞き取れます。

3. 李さんの母親：今回の上海旅行はどうでしたか。

   木村君　　　：とても楽しかったです。多くの観光スポットを見物したばかりではなく，たくさんの美味しいものも食べました。

   李さんの母親：そうですか。では，今日上海の家庭料理を味わってもらいましょう。

   李さんの父親：さあ，私たちの友好のために，乾杯！

Ⅲ. 次の文を朗読しなさい。

> 我汉语学了一年了。汉语虽然很难，但是我觉得越学越有意思。这次在上海玩儿得很开心，不但游览了很多景点，而且还品尝了很多美食。

Ⅳ．下の語句を用いて，下線の部分を入れ替え，会話の練習をしなさい。

1．A：你汉语 学了多长时间了？　　Nǐ Hànyǔ xuéle duō cháng shíjiān le?

　　B：我学了一年了。　　　　　　Wǒ xuéle yì nián le.

学　英语　八　年	打工　一　个　星期	打　乒乓球　三　个　月
xué Yīngyǔ　bā nián	dǎgōng　yí ge xīngqī	dǎ pīngpāngqiú　sān ge yuè
英語を習う　8年	アルバイトをする　1週間	卓球をする　3ヶ月

2．A：你听得懂上海话吗？　　　　Nǐ tīngdedǒng Shànghǎihuà ma?

　　B：我一点儿都听不懂。　　　　Wǒ yìdiǎnr dōu tīngbudǒng.

广东话	四川话	苏州话
Guǎngdōnghuà	Sìchuānhuà	Sūzhōuhuà
広東語	四川語	蘇州語

3．A：今天请你尝尝上海菜。　　　Jīntiān qǐng nǐ chángchang Shànghǎicài.

　　B：谢谢！　　　　　　　　　　Xièxie!

广东菜	四川菜	苏州菜
Guǎngdōngcài	Sìchuāncài	Sūzhōucài
広東料理	四川料理	蘇州料理

Ⅴ．次の文を読み，漢字に書き直して，口頭で日本語に訳しなさい。

1．Nǐ Hànyǔ xuéle duō cháng shíjiān le?

2．Hànyǔ tǐng nán de ba?

3．Hànyǔ yuè xué yuè yǒu yìsi.

4．Wǒ wánrde hěn kāixīn.

5．Wèi wǒmen de yǒuyì, gānbēi!

Ⅵ．次の文を朗読して，口頭で日本語に訳しなさい。

李母：你汉语学了多长时间了？

木村：已经学了一年了。

李母：汉语怎么样？挺难的吧？

木村：汉语虽然很难，但是我觉得越学越有意思。

李母：你听得懂上海话吗？

木村：我一点儿也听不懂。不过普通话还能听懂一些。

李母：这次你在上海玩儿得怎么样？

木村：玩儿得很开心。不但游览了很多景点，而且还品尝了很多美食。

李母：是吗？那今天就请你尝尝上海的家常菜。

李父：来，为我们的友谊，干杯！

挑戦してみよう	中国語の問いを聞き，答えとして最も適当なものを①～④の中から1つ選びなさい。			
問1．	①	②	③	④
問2．	①	②	③	④
問3．	①	②	③	④

復習3

I 次の文章を朗読してから，日本語に訳しなさい。

Wǒ yǐqián qùguo yí tàng Běijīng. Gùgōng Bówùyuàn yěhǎo, Wàn Lǐ Chángchéng yěhǎo, wǒ dōu qù le. Jīnnián bāyuè, wǒ qù Shànghǎi lǚyóule yí ge xīngqī. Wàitān yèjǐng tài měi le, gěi wǒ liúxiàle shēnkè de yìnxiàng. Wǒ zài Shànghǎi bùjǐn yóulǎnle hǎoduō jǐngdiǎn, érqiě hái pǐnchángle hǎoduō měishí. Shànghǎi diǎnxin tèbié hǎochī. Chīfàn shí, wǒ yòng Hànyǔ diǎn cài, fúwùyuán néng tīngdǒng wǒ shuō de huà, wǒ kě gāoxìng le. Jīnhòu wǒ hái yào gèngjiā nǔlì de xuéxí Hànyǔ.

Wǒ zài dàxué xuéle yì nián Hànyǔ le. Suīrán Hànyǔ yuè xué yuè nán, dànshì wǒ juéde hěn yǒu yìsi. Wǒ xiànzài yǐjīng néng tīngdǒng yìxiē jiǎndān de rìcháng huìhuà le. Wǒ yǒu yí ge Zhōngguó péngyou. Tā shì cóng Shànghǎi lái de liúxuéshēng, xìng Lǐ, jiào Lǐ Xiāng. Lǐ shì mù zǐ lǐ, xiāng shì Xiānggǎng de xiāng. Dàjiā dōu jiào tā Xiǎo Lǐ. Wǒmen shì qùnián sìyuè rènshi de. Tā lái Rìběn liúxué kuài liǎng nián le, Rìyǔ shuōde tǐng bàng de. Qiántiān shì Xiǎo Lǐ de shēngrì. Wǒmen jǐ ge tóngxué qù cānjiāle tā de shēngrì pàiduì. Zài pàiduì shang, Xiǎo Lǐ chuānzhe piàoliang de qípáo, gěi dàjiā chàngle jǐ shǒu Zhōngwén gē. Tā chàng gē chàngde fēicháng hǎotīng. Wǒmen yìbiān chī Zhōngguócài, yìbiān liáotiānr, kāixīn jí le. Dàjiā dōu shuō, jīnhòu rúguǒ yǒu jīhui qù Shànghǎi dehuà, yídìng qù Xiǎo Lǐ jiā wánr. Xiǎo Lǐ tīngle, hěn gāoxìng de duì dàjiā shuō : "Huānyíng lái wǒ jiā wánr."

> 我以前去过一趟北京。故宫博物院也好，万里长城也好，我都去了。今年八月，我去上海旅游了一个星期。外滩夜景太美了，给我留下了深刻的印象。我在上海不仅游览了好多景点，而且还品尝了好多美食。上海点心特别好吃。吃饭时，我用汉语点菜，服务员能听懂我说的话，我可高兴了。今后我还要更加努力地学习汉语。
>
> 我在大学学了一年汉语了。虽然汉语越学越难，但是我觉得很有意思。我现在已经能听懂一些简单的日常会话了。我有一个中国朋友。她是从上海来的留学生，姓李，叫李香。李是木子李，香是香港的香。大家都叫她小李。我们是去年四月认识的。她来日本留学快两年了，日语说得挺棒的。前天是小李的生日。我们几个同学去参加了她的生日派对。在派对上，小李穿着漂亮的旗袍，给大家唱了几首中文歌。她唱歌唱得非常好听。我们一边吃中国菜，一边聊天儿，开心极了。大家都说，今后如果有机会去上海的话，一定去小李家玩儿。小李听了，很高兴地对大家说："欢迎来我家玩儿。"

＊能～了 「～できるようになった」"了" は語気助詞で，状態の変化を表す。

＊～地＋動詞　"地" は構造助詞で，語句の後につけて，動詞の修飾語を作る。

＊有 机会 ＋ 去上海　上海に行く機会がある。

II 次の単語にピンインと日本語の意味をつけて，朗読しなさい。

欢迎	护照	对面	酒店	可以	换钱	电梯	房间
眼睛	发票	附近	地铁	告诉	要是	左右	前面
菜单	客气	电话	练习	考虑	休息	睡觉	点菜
夏天	苹果	热闹	表扬	便宜	漂亮	剪纸	也许
熊猫	打扫	电脑	桌子	回家	节日	眼镜	迟到
课文	起来	不但	已经	景点	但是	开心	干杯

III 次の文を中国語に訳しなさい。

1. 彼は車を運転することができます。 ➡ p.42
   彼は酒を飲んだので，車の運転ができません。 ➡ p.62

2. 帰っていく。　故郷に帰っていく。 ➡ p.63　老家 lǎojiā
   聞くところによると，彼はすでに故郷に帰ったそうです。

3. いつ行きますか。——明日行きます。
   いつ行ったのですか。——先週行きました。 ➡ p.63

4. 教える　➡ p.68
   電話番号を（私に）教えてください。
   私は日曜日に小学生に英語を教えます。

5. 食事をする。　映画を見る。
   ご飯を食べてから，映画を見に行きましょう。 ➡ p.68

6. 〜しないでください。 ➡ p.74

   遠慮しないでください。

7. ちょっと休ませてください。 ➡ p.74

   父は弟に漫画を読ませません。　　漫画 mànhuà

8. 料理を作る。　　　　得意だ。

   母は料理を作るのが得意ではありません。 ➡ p.75

   遊ぶ　　　楽しい

   私たちは東京で楽しく遊びました。

9. 今日は昨日より涼しいです。 ➡ p.80

   これはあれよりいくら安いですか。

   今日は昨日ほど暖かくありません。 ➡ p.80

10. 少し

    今日は少し寒いです。

    今日は昨日より少し寒いです。 ➡ p.80

    私の姉は中国語を少し話せます。

    少しお待ちください。 ➡ p.75

11. 少しも〜でない ➡ p.93

    今日は少しも寒くありません。

12. 〜か，それとも〜か ➡ p.43

    自転車に乗る。　　地下鉄に乗る。

    自転車で行きますか，それとも地下鉄で行きますか。

IV 次の文を漢字に書き直して，口頭で答えなさい。

1. Nǐ Hànyǔ xuéle duō cháng shíjiān le?

2. Hànyǔ zěnmeyàng? Nán bu nán?

3. Nǐ de míngzi zěnme niàn?

4. Jīntiān wǎnshang nǐ néng lái ma?

5. Nǐ yào hē diǎnr shénme?

6. Nǐ xǐhuan shénme jìjié?

7. Zhèige bǐ nèige piányi duōshao qián?

8. Zánmen zuò chē qù, háishi zǒuzhe qù?

9. Nǐ xīngqītiān gàn shénme?

10. Yàoshi yǒu shíjiān dehuà, nǐ xiǎng gàn shénme?

V 中国語を聞き，問1〜問5に対する答えとして最も適当なものを①〜④の中から1つ選びなさい。

問1．我和小王是什么时候认识的？
　　　　① 　　　② 　　　③ 　　　④

問2．小王日语学了多长时间了？
　　　　① 　　　② 　　　③ 　　　④

問3．我们星期天经常干什么？
　　　　① 　　　② 　　　③ 　　　④

問4．小王日文歌唱得怎么样？
　　　　① 　　　② 　　　③ 　　　④

問5．我什么时候去上海旅游？
　　　　① 　　　② 　　　③ 　　　④

中国の民族

　中国は多民族国家であり，56の民族からなる。漢族以外の55民族は少数民族である。世界で最も人口の多い国でもあり，総人口は13億人を超えている。漢族が総人口に占める割合は91.51%で，少数民族の人口は8.49%である（2010年）。漢族以外の55の民族は人口が相対的に少ないため，「少数民族」と呼ばれている。これらの少数民族は，主に中国の北西部，南西部，北東部などに分布している。55の少数民族の内，回族と満州族は現在ほぼ漢語を使用しているほか，他の各民族はいずれも自分の民族言語もしくは漢語を使用している。

蒙古族 Měnggǔzú モンゴル族 5,981,840人	回族 Huízú 回族 10,586,087人	藏族 Zàngzú チベット族 6,282,187人	维吾尔族 Wéiwú'ěrzú ウイグル族 10,069,346人	苗族 Miáozú ミャオ族 9,426,007人
彝族 Yízú イ族 8,714,393人	壮族 Zhuàngzú チワン族 16,926,381人	布依族 Bùyīzú プイ族 2,870,034人	朝鲜族 Cháoxiǎnzú 朝鮮族 1,830,929人	满族 Mǎnzú 満州族 10,387,958人
侗族 Dòngzú トン族 2,879,974人	瑶族 Yáozú ヤオ族 2,796,003人	白族 Báizú ペー族 1,933,510人	土家族 Tǔjiāzú トゥチャ族 8,353,912人	哈尼族 Hānízú ハニ族 1,660,932人
哈萨克族 Hāsàkèzú カザフ族 1,462,588人	傣族 Dǎizú タイ族 1,261,311人	黎族 Lízú リー族 1,463,064人	傈僳族 Lìsùzú リス族 702,839人	佤族 Wǎzú ワ族 429,709人
畲族 Shēzú ショオ族 708,651人	高山族 Gāoshānzú 高山族 4,009人	拉祜族 Lāhùzú ラフ族 485,966人	水族 Shuǐzú スイ族 411,847人	东乡族 Dōngxiāngzú トンシャン族 621,500人

纳西族 Nàxīzú ナシ族 326,295 人	景颇族 Jǐngpōzú チンポー族 147,828 人	柯尔克孜族 Kēěrkèzīzú キルギス族 186,708 人	土族 Tǔzú トー族 289,565 人	达斡尔族 Dáwòěrzú ダフール族 131,992 人
仫佬族 Mùlǎozú モーラオ族 216,257 人	羌族 Qiāngzú チャン族 309,576 人	布朗族 Bùlǎngzú プーラン族 119,639 人	撒拉族 Sālāzú サラール族 130,607 人	毛南族 Máonánzú マオナン族 101,192 人
仡佬族 Gēlǎozú コーラオ族 550,746 人	锡伯族 Xībózú シボ族 190,481 人	阿昌族 Āchāngzú アチャン族 39,555 人	普米族 Pǔmǐzú プミ族 42,861 人	塔吉克族 Tǎjíkèzú タジク族 51,069 人
怒族 Nùzú ヌー族 37,523 人	乌孜别克族 Wūzībiékèzú ウズベク族 10,569 人	俄罗斯族 Éluósīzú オロス族 15,393 人	鄂温克族 Èwēnkèzú エヴェンキ族 30,875 人	德昂族 Dé'ángzú トーアン族 20,556 人
保安族 Bǎo'ānzú ボウナン族 20,074 人	裕固族 Yùgùzú ユーグ族 14,378 人	京族 Jīngzú キン族 28,199 人	塔塔尔族 Tǎtǎ'ěrzú タタール族 3,556 人	独龙族 Dúlóngzú トールン族 6,930 人
鄂伦春族 Èlúnchūnzú オロチョン族 8,659 人	赫哲族 Hèzhézú ホジェン族 5,354 人	门巴族 Ménbāzú メンパ族 10,561 人	珞巴族 Luòbāzú ロッパ族 3,682 人	基诺族 Jīnuòzú チノー族 23,143 人
汉族 Hànzú 漢族 1,220,844,520 人	☆上記の中国各民族の写真は『人民中国』「中国国际广播电台」のホームページの資料による。 ☆上記の中国各民族の人口は2010年中国全国人口調査の統計による。			

付録1：文法のまとめ

1 疑問文のパターン　212

"吗"疑問文 p.31	你去动物园**吗**？ Nǐ qù dòngwùyuán ma?		● 動物園に行きますか。
反復疑問文 p.36 肯定形＋否定形	你**去不去**博物馆？ Nǐ qù bu qù bówùguǎn?		● 博物館に行きますか
疑問詞疑問文 p.31	你去**哪儿**？ Nǐ qù nǎr?		● どこに行きますか。
選択疑問文 p.42 (是)~还是~？	你**是**去，**还是**不去？ Nǐ shì qù, háishi bú qù?		● 行きますか，それとも行かないのですか。
省略型疑問文 p.36 ~呢？	我去。你**呢**？ Wǒ qù. Nǐ ne?		● 私は行きます。あなたは？
推測疑問文 p.42 ~吧？	他会英语**吧**？ Tā huì Yīngyǔ ba?		● 彼は英語ができるでしょうか？
"没有"を用いる疑問文 (動詞＋过)＋没有？ 　　　　　　p.48 (~了)＋没有？ p.42	这个电影你看过**没有**？ Zhège diànyǐng nǐ kànguo méiyou? 你昨天打保龄球了**没有**？ Nǐ zuótiān dǎ bǎolíngqiú le méiyou?		● この映画を見たことがありますか。 ● 昨日ボウリングをしましたか。
意向を尋ねる疑問文 ~，好吗？/好不好？ 　　　　　　p.44 ~，怎么样？ p.64	咱们去唱卡拉OK，**好不好**？ Zánmen qù chàng kǎlā OK, hǎo bu hǎo? 明天一起去豫园，**怎么样**？ Míngtiān yìqǐ qù Yùyuán, zěnmeyàng?		● カラオケに行きませんか。 ● 明日一緒に豫園に行くのはどうですか。
物事を確認する疑問文 ~，是吗？/是不是？ 　　　　　　p.74	听说你去上海出差了，**是吗**？ Tīngshuō nǐ qù Shànghǎi chūchāi le, shì ma?		● 上海に出張したそうですよね。

2 否定を表す "不" と "没（有）"

213

"是" 否定形	過去・現在・未来に関係なく "不" を用いて示す。		p.30
不是〜 〜ではない 〜ではなかった	这是词典吗？——这不是词典。 Zhè shì cídiǎn ma? ——Zhè bú shì cídiǎn. 昨天是四号吗？——昨天不是四号。 Zuótiān shì sì hào ma? ——Zuótiān bú shì sì hào.	• それは辞書ですか。 • これは辞書ではありません。 • 昨日は4日でしたか。 • 昨日は4日ではありませんでした。	
形容詞の否定形	過去・現在・未来に関係なく "不" を用いて示す。		p.30
不＋形容詞 〜くない 〜くなかった	你忙吗？——我不忙。 Nǐ máng ma? ——Wǒ bù máng. 昨天忙吗？——昨天也不忙。 Zuótiān máng ma? —— Zuótiān yě bù máng.	• お忙しいですか。 • 忙しくありません。 • 昨日お忙しかったですか。 • 昨日も忙しくありませんでした。	

214

動詞の否定形			
不＋動詞　p.30 意志または習慣上の動作や未来の動作の否定を示す。 〜しない	你去吗？——我不去。 Nǐ qù ma? ——Wǒ bú qù.	• 行きますか。 • 行きません。	
没（有）＋動詞　p.42 それまでにそういう動作がなかったことを示す。 〜していない 〜しなかった	你去了吗？——我还没去。 Nǐ qù le ma? ——Wǒ hái méi qù. 你昨天去了吗？——我昨天没有去。 Nǐ zuótiān qù le ma? ——Wǒ zuótiān méiyou qù. 你去过吗？——我没有去过。 Nǐ qùguo ma? ——Wǒ méiyou qùguo.	• 行きましたか。 • まだ行っていません。 • 昨日行きましたか。 • 昨日行きませんでした。 • 行ったことがありますか。 • 行ったことがありません。	
動詞 "有" の否定形			p.37
没（有）〜 "不有" は使わない	你明天有课吗？——我明天没有课。 Nǐ míngtiān yǒu kè ma? Wǒ míngtiān méiyou kè.	• 明日授業がありますか。 • 明日授業がありません。	
助動詞の否定形			p.42
不＋助動詞	你会开车吗？——我不会开车。 Nǐ huì kāichē ma? ——Wǒ bú huì kāichē.	• 車の運転ができますか。 • 車の運転はできません。	

3 前置詞

前置詞は介詞とも言い，語句の前に置き，前置詞フレーズを作る。前置詞フレーズは述語の前に置き，その場所・方向・時間・対象・目的・比較などを表す。

215

語順　前置詞＋語句　➡前置詞フレーズ

在 p.36	場所	在～ ～で	我父亲在贸易公司工作。 Wǒ fùqin zài màoyì gōngsī gōngzuò.	・父は貿易会社で働いています。
从 p.48	起点	从～ ～から	我们从九点开始练习。 Wǒmen cóng jiǔ diǎn kāishǐ liànxí.	・私たちは9時から練習を始めます。
到 p.48	到着点	到～ ～まで	从我家到公司要半个小时。 Cóng wǒ jiā dào gōngsī yào bàn ge xiǎoshí.	・家から会社まで30分かかります。
离 p.48	距離	A 离 B～ AはBから～	我家离车站很近。 Wǒ jiā lí chēzhàn hěn jìn.	・私の家は駅から近い。
		离～ ～まで	离放春假还有两周。 Lí fàng chūnjià hái yǒu liǎng zhōu.	・春休みまで後2週間あります。
向 p.70	方向	向～ ～へ（に）	向右拐就是。 Xiàng yòu guǎi jiù shì.	・右に曲がればすぐです。
往 p.69	方向	往～ ～へ（に）	往前走。 Wǎng qián zǒu.	・前に向かって行ってください。
给 p.50	受け手 受益者	给～ ～に	我给你当导游吧。 Wǒ gěi nǐ dāng dǎoyóu ba.	・観光案内をしてあげよう。
			请给我打电话。 Qǐng gěi wǒ dǎ diànhuà.	・私に電話をしてください。
对 p.44	対象	对～ ～に（対して）	他对政治不感兴趣。 Tā duì zhèngzhì bù gǎn xìngqù.	・彼は政治に興味を持っていません。
比 p.80	比較	比～ ～より	这个比那个贵一点儿。 Zhèige bǐ nèige guì yìdiǎnr.	・これはあれより値段が少し高い。
和 p.54	相手	和～ ～と（に）	我和（/跟）朋友一块儿去。 Wǒ hé(/gēn) péngyou yíkuàir qù.	・私は友人と一緒に行きます。
跟 p.54		跟～ ～と（に）	你应该跟（/和）他联系。 Nǐ yīnggāi gēn(/hé) tā liánxì.	・彼に連絡すべきです。
为 p.94	目的	为～ ～ために	为我们的友谊，干杯！ Wèi wǒmen de yǒuyì, gānbēi!	・私たちの友情のために，乾杯！
为了		为了～ ～ために	她为了减肥，每天锻炼身体。 Tā wèile jiǎnféi, měi tiān duànliàn shēntǐ.	・彼女はダイエットのために毎日体を鍛えています。

4 助動詞　述語の前に置き，能力・可能・願望・義務・必要などを表す。

会 p.42 p.81	可能　～することができる （会得した技能を持つ）	我不会滑雪。 Wǒ bú huì huáxuě.	・私はスキーができません。
	可能性　～するだろう 文末によく"的"を伴う。	他一定会来的。 Tā yídìng huì lái de.	・彼はきっと来るでしょう。
能 p.62	可能　～することができる （条件・状況・能力から見る）	我后天能去。 Wǒ hòutiān néng qù.	・私は明後日行けます。
		能不能便宜点儿？ Néng bu néng piányi diǎnr?	・少し安くしていただけませんか。
可以 p.62	可能　～することができる "能"と言い換えられる。 否定——"不能"	这儿可以上网吗？ Zhèr kěyǐ shàngwǎng ma?	・ここはインターネットが使えますか。
		这儿不能上网。 Zhèr bù néng shàngwǎng.	・ここはインターネットが使えません。
	許可　～してよい 否定——"不可以""不能"	这里可以抽烟吗？ Zhèli kěyǐ chōu yān ma?	・ここでタバコを吸っていいですか。
		不可以抽烟。 Bù kěyǐ chōu yān.	・タバコを吸ってはいけません。
想 p.49	願望　～したい 否定——"不想"	你想参观吗？ Nǐ xiǎng cānguān ma?	・見学したいですか。
		我不想参观。 Wǒ bù xiǎng cānguān.	・見学したくありません。
要 p.62	意志　～したい 否定——"不想"	你要买茶叶吗？ Nǐ yào mǎi cháyè ma?	・お茶を買いたいですか。
		我不想买。 Wǒ bù xiǎng mǎi.	・買いたくありません。
	必要　～しなければならない 否定——"不用"	要坐地铁吗？ Yào zuò dìtiě ma?	・地下鉄に乗らなければなりませんか。
		不用坐地铁。 Búyòng zuò dìtiě.	・地下鉄に乗る必要はありません。
得 p.69	必要　～しなければならない 否定——"不用" 話し言葉でよく使われる。	今天得做完吗？ Jīntiān děi zuòwán ma?	・今日中にやり終えなければなりませんか。
		不用做完。 Búyòng zuòwán.	・やり終えなくていいです。

5 語気助詞 "吗" "呢" "吧" "的"　文末につけて，いろいろな語気を表す。　217

吗	疑問を表す。　p.31	你身体好吗？ Nǐ shēntǐ hǎo ma?	• お元気ですか。
呢	省略型疑問文 "～呢？"　～は？　p.36	我身体很好。你呢？ Wǒ shēntǐ hěn hǎo. Nǐ ne?	• 私は元気です。あなたは？
	疑問詞のある文に用いる。 　　　　　　　　p.68	咱们怎么去呢？ Zánmen zěnme qù ne?	• どのように行きますか.
	"正在／正／在／着"と併用する。　　p.87	我正在洗衣服呢。 Wǒ zhèngzài xǐ yīfu ne.	• 私はいま洗濯中ですよ。
		外头正下着雨呢。 Wàitou zhèng xiàzhe yǔ ne.	• 外は雨が降っていますよ。
吧	意志・勧誘の語気を表す。 ～しよう　　　p.42	我们一块儿去吧。 Wǒmen yíkuàir qù ba.	• 私たちは一緒に行きましょう。
	命令の語気をやわらげる。 　　　　　　　　p.42	请点菜吧！ Qǐng diǎn cài ba!	• どうぞ料理を注文してください。
	推測の語気を表す。 ～だろう　　　p.42	这个非常好看吧？ Zhèige fēicháng hǎokàn ba?	• これはとてもきれいでしょう？
的	すでに発生したことに用いる。 "是～的"　～したのだ　p.63	你是什么时候去的？ Nǐ shì shénme shíhou qù de?	• いつ行ったのですか。
	助動詞"会"と一緒に使う。 "会～的"　～するだろう 　　　　　　　　p.81	今天不会下雨的。 Jīntiān bú huì xià yǔ de.	• 今日は雨が降らないでしょう。
	副詞"挺"と一緒に使う。 "挺～的"　とても～　p.76	你的汉语挺好的。 Nǐ de Hànyǔ tǐng hǎo de.	• あなたの中国語はとても上手です。

6 助詞 "了"

動態助詞 "了" は動詞の後につけて，動作の完了を表す。
語気助詞 "了" は文末につけて，新しい状況の発生・状態の変化など様々な語気を表す。

動詞＋目的語＋了 ～した　　　　　　　　　p.42	你吃早饭了吗？ Nǐ chī zǎofàn le ma?	● 朝ごはんを食べましたか。
動詞＋了＋持続時間・回数・数量＋目的語 ～した　　　　　　　　　p.49	我去了一次北京。 Wǒ qùle yí cì Běijīng.	● 私は北京に1回行きました。
動詞＋了＋持続時間・回数・数量＋目的語＋了 （現時点まで）～している／した　p.92	你学了几年汉语了？ Nǐ xuéle jǐ nián Hànyǔ le?	● 中国語を何年間勉強していますか。
動詞＋了＋目的語＋就＋動詞＋目的語 動詞＋了＋目的語＋再＋動詞＋目的語 ～してから～する　　　　　p.68	下了车就去吗？ Xiàle chē jiù qù ma? 不，吃了饭再去吧。 Bù, chīle fàn zài qù ba.	● 下車してから，すぐ行きますか。 ● いいえ，食事をしてから，行きましょう。
（主語）要／快／快要／就要～了 もうすぐ～する　　　　　　p.48	我们快要放假了。 Wǒmen kuàiyào fàngjià le. 明天就要考试了。 Míngtiān jiù yào kǎoshì le.	● 私たちはもうすぐ休みになります。 ● 明日はもう試験です。
太～了　　　　　　　　　　p.50 あまりにも～すぎる／たいへん～	外滩夜景太美了！ Wàitān yèjǐng tài měi le!	● 外灘の夜景は大変美しい！
可～了　　　　　　　　　　p.54 とても～／実に～	她日语说得可棒了！ Tā Rìyǔ shuōde kě bàng le!	● 彼女の日本語は実に素晴らしい！
又～了　　　　　　　　　　p.86 また～した	你怎么又迟到了？ Nǐ zěnme yòu chídào le?	● どうしてまた遅刻したのですか。
已经～了　　　　　　　　　p.92 すでに～した	我已经念了两遍了。 Wǒ yǐjīng niànle liǎng biàn le.	● 私はもう2回朗読しました。

付録2：復習1,2,3の解答

復習1 確認テスト　p.26
1. 発音を聞いて，読まれた音節に○をつけなさい。　CD48
　　1) ② lì　　2) ① rè　　3) ① yǐ　　4) ② shì　　5) ① měi　　6) ① miàn
　　7) ② yáo　　8) ① jiǔ　　9) ② duō　　10) ① qù　　11) ① jiē　　12) ② huán
　　13) ② wǒ　　14) ① cōng　　15) ② fēng　　16) ② cì

2. 発音を聞いて，声調符号をつけなさい。　CD49
　　1) miàntiáo　　2) sānmíngzhì　　3) wūlóngchá
　　4) xiāngjiāo　　5) píngguǒ　　6) cǎoméi

3. 二つの数字を聞いて，その和を書きなさい。　CD50
　　1) 4＋6＝10　　2) 7＋2＝9　　3) 5＋3＝8　　4) 9＋1＝10　　5) 8＋5＝13
　　6) 3＋9＝12　　7) 2＋5＝7　　8) 10＋7＝17　　9) 6＋4＝10　　10) 1＋8＝9

復習2　p.54 － 59
Ⅰ．次の文章を朗読してから，日本語に訳しなさい。　CD112

　　私の苗字は鈴木で，鈴木春菜と言います。今年18歳です。私は京南大学法学部の一年生です。
　　私は神戸に住んでいます。家から大学までそれほど遠くありません。私は電車で通学しています。月曜日から金曜日まで毎日授業があります。私は授業のほかに，またクラブ活動にも参加しています。火曜日と木曜日の夜，私はコンビニストアでアルバイトをします。私はたくさんの趣味があり，特に歌を歌うのが好きです。週末よくクラスメートと一緒にカラオケに行きます。私は英語の歌が歌え，中国語の歌も歌えます。私は中国語を習っています。週に2コマの中国語の授業があります。1コマは水曜日の午後にあり，もう1コマは金曜日の午前にあります。私たちの中国語の先生は中国人です。彼はいつもみんなに中国の風俗習慣を紹介してくださいます。私は中国文化にとても興味を持っています。先日，私は中国映画『初恋のきた道（私の父親母親）』を見ました。この映画は大変面白かったです。
　　高校の時，私は一度北京に行ったことがあります。北京で3日間遊びました。私はまだ上海に行ったことがありません。もうすぐ夏休みです。今年の夏休みに友達と一緒に上海へ旅行に行く予定です。私は中国語で中国人と交流したいです。

Ⅱ．次の単語にピンインと日本語の意味をつけて，朗読しなさい。　CD113

Zhōngguó	Rìběn	Měiguó	Hànyǔ	Zhōngwén	Yīngyǔ	Rìyǔ	Rìwén
中国	日本	美国	汉语	中文	英语	日语	日文
中国	日本	アメリカ	中国語	中国語	英語	日本語	日本語

Jīntiān	zuótiān	jīnnián	qùnián	zuìjìn	zhōumò	xīngqī	jīngcháng
今天	昨天	今年	去年	最近	周末	星期	经常
今日	昨日	今年	去年	最近	週末	曜日	いつも

shàngkè	shàngwǎng	dǎgōng	gōngzuò	chàng gē	xuéxí	kāichē	liúxué
上课	上网	打工	工作	唱歌	学习	开车	留学
授業を受ける	インターネットをする	アルバイトをする	働く	歌を歌う	勉強する	車を運転する	留学する

lǚyóu	gāoxìng	hǎochī	xǐhuan	xìngqù	kāfēi	lǎoshī	míngzi
旅游	高兴	好吃	喜欢	兴趣	咖啡	老师	名字
旅行する	嬉しい	美味しい	好む	興味	コーヒー	教師	名前

diànyǐng	fāyīn	zuòyè	yīnyuè	shǔjià	hánjià	zhōngtóu	shíjiān
电影	发音	作业	音乐	暑假	寒假	钟头	时间
映画	発音	宿題	音楽	夏休み	冬休み	～時間	時間・暇

jiàoshì	shítáng	chēzhàn	yínháng	yīyuàn	xuéxiào	jīchǎng	gōngsī
教室	食堂	车站	银行	医院	学校	机场	公司
教室	食堂	駅・バス停	銀行	病院	学校	空港	会社

Ⅲ．次の文を中国語に訳しなさい。

1. 1）我们去。　我们去美术馆。
   2）我们昨天去美术馆了。
   3）我们去过美术馆。
   4）我们想去美术馆。

2. 1）你去吗？── 我不去。
   2）你昨天去了吗？── 我昨天没（有）去。
      你去了吗？── 我还没去。
   3）你去过吗？── 我没有去过。
   4）你想去吗？── 我不想去。

3. 1）他打工。
   2）他在打工。
   3）他在咖啡馆打工。
   4）他星期天在咖啡馆打工。

4. 1）去神户。看电影。
      他们去神户看电影。
      他们去看电影。
      他们不去神户看电影。
      他们上星期六没有去神户看电影。
   2）骑自行车。去动物园。
      我想骑自行车去动物园。
      我昨天没骑自行车去。

5. 1）给～打电话
      我给朋友打电话。
   2）对～感兴趣／有兴趣
      她对法律和经济感兴趣。
   3）和朋友
      我星期天和朋友一起去买东西。
   4）我家离车站不远。
      离考试还有一个星期。

5）从星期一到星期五
   从星期一到星期五每天都有课。
   从这儿到大学
   从这儿到大学要十五分钟。

6. 1）三十分钟　两个小时　看电视。
      我妈妈每天看三十分钟电视。
      我哥哥昨天看了两个小时电视。
   2）两次
      我姐姐去过两次韩国。

7. 1）今天是4号。今天不是5号。
   2）昨天是3号。昨天不是4号。

8. 1）我今天很忙。昨天也很忙。
   2）我今天不忙。昨天也不忙。

9. 也
   我也喜欢看书。
   我也喜欢看书。

10. 快要（要／快／就要）～了　放暑假
    我们快要放暑假了。

11. 有／在　　没有（没）／不在
    1）我有一个哥哥，没有姐姐。
       我明天没有时间。
    2）大学里有食堂和书店。
       书店在食堂后面。

12. 1）图书馆的书
    2）很有意思的书
    3）我想看的书
    4）昨天看的书

Ⅳ．下の□から適当な疑問詞を選び，質問文を作りなさい。（下線のあるところを質問すること）
1．A 这是谁的课本？
2．A 你想吃什么？
3．A 你哥哥在哪儿工作？
4．A 你星期几去梅田买东西？
5．A 他什么时候去加拿大留学？
6．A 现在几点？
7．A 那个菜味道怎么样？
8．A 你每天怎么上学？
9．A 你姐姐有几本词典？
10．A 你在北京住了几天？
11．A 从这儿到车站要多长时间？
12．A 你弟弟今年多大？

Ⅴ．次の文を漢字に書き直して，口頭で答えなさい。　CD115
1．你叫什么名字？
2．你最近忙不忙？
3．你星期几有汉语课？
4．你对什么感兴趣？
5．你有什么爱好？
6．你会不会说英语？
7．你家离车站远吗？
8．从你家到大学要多长时间？
9．你去过上海吗？
10．暑假里，你有什么计划吗？

Ⅵ．中国語を聞き，問1〜問5に対する答えとして最も適当なものを①〜④の中から1つ選びなさい。
問1．③　問2．①　問3．②　問4．①　問5．④　　　　　　　　　　　CD116

復習3　p.98 − 101
Ⅰ．次の文章を朗読してから，日本語に訳しなさい。　CD208

　　私は以前北京に1回行ったことがあります。故宮博物院にしても，万里の長城にしてもどちらも行きました。今年8月，私は上海へ一週間旅行しました。外灘の夜景は大変きれいで，私に深い印象を残しました。私は上海でたくさんの観光スポットを見物したばかりではなく，たくさんの美味しいものも食べました。上海の点心は特に美味しいです。食事の時に，私は中国語で料理を注文しました。レストランの従業員が私の言うことを聞いて分かってくれて，とてもうれしかったです。これから私はもっと懸命に中国語を学ばなければなりません。
　　私は大学で1年中国語を習っています。中国語は勉強すればするほど，難しくなりますが，とても面白く感じます。私は今もう簡単な日常会話がすこし聞けるようになりました。私は中国人の友達がいます。彼女は上海から来た留学生です。李という姓で，李香と言います。「李」は「木」「子」の「李」で，「香」は「香港」の「香」です。みんな彼女のことを「小李」と呼んでいます。私たちは去年の4月に知り合ったのです。彼女は日本に留学して間もなく2年になり，日本語がとても上手です。一昨日は李さんの誕生日でした。私たち何人かのクラスメートが彼女の誕生パーティに出席しました。誕生パーティで李さんはきれいなチャイナドレスを着て，皆さんに中国語の歌を何曲か歌ってくれました。彼女は歌を歌うのがとても上手です。私たちは中華料理を食べながら，雑談をして，とても楽しかったです。今後上海に行く機会があったら，必ず李さんの家に遊びに行くと，みんなが言いました。李さんは聞いて，喜んで皆に，「家に遊びにいらっしゃってください」と言いました。

Ⅱ．次の単語にピンインと日本語の意味をつけて，朗読しなさい。　CD209

huānyíng	hùzhào	duìmiàn	jiǔdiàn	kěyǐ	huànqián	diàntī	fángjiān
欢迎	护照	对面	酒店	可以	换钱	电梯	房间
歓迎する	パスポート	向かい側	ホテル	よろしい	両替する	エレベータ	部屋

yǎnjing	眼睛	目
fāpiào	发票	領収書
fùjìn	附近	近く
dìtiě	地铁	地下鉄
gàosu	告诉	告げる
yàoshi	要是	〜ならば
zuǒyòu	左右	〜ぐらい
qiánmiàn	前面	前方
càidān	菜单	メニュー
kèqi	客气	遠慮する
diànhuà	电话	電話
liànxí	练习	練習する
kǎolǜ	考虑	考える
xiūxi	休息	休む
shuìjiào	睡觉	寝る
diǎn cài	点菜	料理を注文する
xiàtiān	夏天	夏
píngguǒ	苹果	リンゴ
rènao	热闹	賑やかだ
biǎoyáng	表扬	褒める
piányi	便宜	安い
piàoliang	漂亮	綺麗だ
jiǎnzhǐ	剪纸	切り絵
yěxǔ	也许	かも知れない
xióngmāo	熊猫	パンダ
dǎsǎo	打扫	掃除する
diànnǎo	电脑	パソコン
zhuōzi	桌子	机
huíjiā	回家	家に帰る
jiérì	节日	祝日
yǎnjìng	眼镜	メガネ
chídào	迟到	遅刻する
kèwén	课文	本文
qǐlai	起来	起きる
búdàn	不但	〜ばかりでなく
yǐjīng	已经	すでに
jǐngdiǎn	景点	観光スポット
dànshì	但是	しかし
kāixīn	开心	楽しい
gānbēi	干杯	乾杯

Ⅲ．次の文を中国語に訳しなさい。

1. 他会开车。
   他因为喝酒了，所以不能开车。

2. 回去　　回老家去
   听说他已经回老家去了。

3. 你什么时候去？—— 明天去。
   你是什么时候去的？
   —— 我是上星期去的。

4. 告诉／教
   请告诉我你的电话号码。
   我星期天教小学生英语。

5. 吃饭　　看电影
   咱们吃了饭，再去看电影吧。

6. 不要／别～
   请不要客气。／请别客气。

7. 让我休息一下。
   爸爸不让弟弟看漫画。

8. 做菜　　很好
   我妈妈（做）菜做得不好。
   玩儿　　开心
   我们在东京玩得很开心。

9. 今天比昨天凉快。
   这个比那个便宜多少钱？
   今天没有昨天（那么）暖和。

10. 有点儿／一点儿／一会儿
    今天有点儿冷。
    今天比昨天冷一点儿。
    我姐姐会说一点儿汉语。
    请等一会儿。

11. 一点儿也～／一点儿都～
    今天一点儿也不冷。／今天一点儿都不冷。

12. （是）～，还是～？
    骑自行车　　坐地铁
    你是骑自行车去，还是坐地铁去？

Ⅳ．次の文を漢字に書き直して，口頭で答えなさい。　　CD210
　　1．你汉语学了多长时间了？
　　2．汉语怎么样？难不难？
　　3．你的名字怎么念？
　　4．今天晚上你能来吗？
　　5．你要喝点儿什么？
　　6．你喜欢什么季节？
　　7．这个比那个便宜多少钱？
　　8．咱们坐车去，还是走着去？
　　9．你星期天干什么？
　　10．要是有时间的话，你想干什么？

Ⅴ．中国語を聞き，問１～問５に対する答えとして最も適当なものを①～④の中から１つ選びなさい。
　　問１．②　　問２．②　　問３．③　　問４．④　　問５．①　　　　　　　　　CD211

付録3：第5～14課「挑戦してみよう」，復習2のⅥと復習3のⅤ 聴き取り練習の全文

第5课 p.35　CD66

問1．他叫什么名字？
　①他是留学生。　　　②他是日本人。　　　③我叫李香。　　　❹他叫木村学。

問2．你们是留学生吗？
　①不，他们不是留学生。　　❷是的。我们是中国留学生。
　③不，我们去大学。　　　　④对。他们是美国留学生。

問3．他是哪国人？
　❶他是日本人。　　　②我是中国人。　　　③不是。他是日本人。　　　④是的，他是学生。

第6课 p.41　CD81

我星期一没有汉语课。星期三有英语课。星期五有汉语课和英语课。

問1．我星期几有汉语课？
　①星期一。　　　②星期三。　　　❸星期五。　　　④星期一和星期五。

李香在做作业。麦克在听音乐。我在上网。

問2．李香在干什么？
　①听音乐。　　　❷做作业。　　　③学汉语。　　　④上网。

我家有爸爸、妈妈、两个姐姐和一个哥哥。

問3．我家有几口人？
　①四口人。　　　②五口人。　　　❸六口人。　　　④七口人。

第7课 p.47　CD95

木村每天七点三刻吃早饭，十二点一刻吃午饭，六点半吃晚饭。

問1．木村每天几点吃午饭？
　①七点四十五分。　　　②十点一刻。　　　❸十二点十五分。　　　④六点三十分。

我家有四口人。爸爸爱听音乐。妈妈爱看电影。我和姐姐都喜欢听音乐。姐姐还喜欢唱歌。她经常去唱卡拉OK。

問2．我姐姐喜欢听音乐，还是喜欢唱歌？
　❶都喜欢。　　　②都不喜欢。　　　③喜欢唱歌。　　　④喜欢听音乐。

昨天星期天，我和朋友去唱卡拉OK了。明天晚上我们去看电影。

問3．我们星期几去看电影？
　①星期天。　　　②星期一。　　　❸星期二。　　　④星期六。

第8课 p.53　CD111

問1．从你家到大学要多长时间？
　❶一个钟头。　　　②两点。　　　③不太远。　　　④有时间。

問2．你去过北京吗？
　①吃过一次。　　　❷去过一趟。　　　③没吃过。　　　④没去过东京。

115

问 3. 山本，你暑假有什么计划吗？
　　① 她想去北京旅游。　② 我没去过上海。　③ 她暑假不去旅游。　❹ 我打算去上海玩儿。

復習 2—Ⅵ p.59　CD116
问 1. 你去哪儿？
　　① 我不去。　　　　② 我吃饺子。　　　❸ 我去邮局。　　　④ 她去图书馆。

问 2. 小李，你坐电车上学吗？
　　❶ 不，我骑自行车。② 不，他坐地铁。　③ 对，我不坐电车。④ 对，我坐汽车。

问 3. 你认识她哥哥吗？
　　① 我认识她姐姐。　❷ 认识。我们是同学。③ 她不认识我哥哥。④ 我不认识你哥哥。

问 4. 咱们一块儿去唱卡拉OK，好不好？
　　❶ 好。什么时候去？　② 好。一块儿去看电影。
　　③ 好。一块儿去吃饭吧。　④ 好。一块儿去旅游吧。

问 5. 你会不会唱中文歌？
　　① 我会唱英文歌。　② 我不会做。　　　③ 我不喜欢吃。　　❹ 我会唱。

第 9 课 p.67　CD131
问 1. 他是什么时候回来的？
　　① 他明天回来。　　② 我下个月回去。　③ 下个星期回来。　❹ 昨天回来的。

问 2. 你的房间号码是多少？
　　❶ 615 号。　　　　② 十九岁。　　　　③ 七月六号。　　　④ 六点半。

问 3. 请问，兑换处在哪儿？
　　❶ 你看，就在对面。② 现在没有房间。　③ 这里没有邮局。　④ 那儿没有兑换处。

第 10 课 p.73　CD146
问 1. 请问，这附近有地铁站吗？
　　❶ 有。向右拐就是。② 有。银行就在前面。③ 走着去车站。　　④ 骑车去地铁站。

问 2. 咱们走着去，还是骑车去？
　　① 坐车去。　　　　② 他们骑车去。　　③ 一起去吧。　　　❹ 很近，走着去吧。

问 3. 你坐地铁去吗？
　　① 对，我坐电车去。② 对，他坐地铁去。❸ 不，我开车去。　④ 不，他走着去。

第 11 课 p.79　CD161
　　　　星期天晚上我和朋友一块儿去吃饭了。我要了麻婆豆腐和糖醋鱼。朋友点了酸辣汤和小笼包。小笼包很好吃。

问 1. 我点了什么菜？
　　① 麻婆豆腐。　　　❷ 糖醋鱼和麻婆豆腐。③ 糖醋鱼和酸辣汤。④ 糖醋鱼。

　　　　我爱喝茶。乌龙茶、花茶、普洱茶，红茶我都喜欢喝。不过我最喜欢的还是花茶。

问 2. 我最爱喝什么茶？
　　① 红茶。　　　　　② 乌龙茶。　　　　③ 普洱茶。　　　　❹ 花茶。

付録3

我妈妈会做中国菜。她做的中国菜很好吃。我也会做菜。但是做得不太好。

问3. 我妈妈中国菜做得怎么样？
❶ 很好。　　　　　　② 不好。　　　　　　③ 不好吃。　　　　　　④ 不太好。

第12课 p.85　CD176

田中买了乌龙茶和花茶。乌龙茶二十五块钱。花茶比乌龙茶贵八块钱。

问1. 田中一共花了多少钱？
① 二十五块。　　　② 五十块。　　　❸ 五十八块。　　　④ 三十三块。

我有一个姐姐和一个弟弟。我姐姐今年二十二岁。我弟弟比我小一岁。我今年二十了。

问2. 我姐姐比我大几岁？
① 一岁。　　　　　❷ 两岁。　　　　　③ 三岁。　　　　　④ 四岁。

铃木告诉我，昨晚被雨淋了，嗓子有点儿疼，也许着凉了。

问3. 铃木怎么了？哪儿不舒服？
① 我头疼。　　　　❷ 他说嗓子疼。　　③ 我被雨淋了。　　④ 他不咳嗽。

第13课 p.91　CD191

问1. 你去看熊猫了，是吗？
① 对，我明天去看。　❷ 是的，熊猫真可爱！　③ 是的，樱花很美。　④ 不，我没去看红叶。

问2. 山田，你在干什么？
① 他正在看报呢。　　② 他没看电影。　　③ 我没看书。　　❹ 我正在做作业呢。

问3. 我喜欢秋天。你呢？
① 我也喜欢春天。　　② 我也不喜欢秋天。　❸ 我爱滑雪，喜欢冬天。　④ 夏天可以游泳。

第14课 p.97　CD207

问1. 你汉语学了多长时间了？
① 我学了一年多英语了。　② 我每天学一个钟头汉语。
❸ 已经学了一年了。　　　④ 快要到十点了。

问2. 汉语怎么样，难不难？
① 我觉得英语有点儿难。　❷ 虽然很难，不过挺有意思的。
③ 我觉得没有汉语难。　　④ 我汉语说得不太流利。

问3. 伊藤，你什么时候去中国旅游？
① 我去年暑假去的。　❷ 我打算今年暑假去。　③ 我想去三天。　④ 他准备明年去。

復習3—Ⅵ p.101　211

　　我有一个中国朋友。她姓王，是上海人。大家都叫她小王。她是我们大学的留学生。我和她是今年十月在朋友家认识的。小王日语说得流利极了。她告诉我，日语是从高中开始学的，已经学了四年了。回国以后，她想当日语老师。小王有很多爱好，喜欢听音乐、看电影、看漫画，还爱唱歌。日文歌也好，英文歌也好，她都唱得很好听。我也爱唱歌。所以星期天我们常常一起去唱卡拉OK。我现在已经会唱几首中文歌了。快要放春假了。今年春假我打算去中国旅游。去年暑假我去了北京。这次我计划去上海。我准备三月四号坐飞机到上海，在上海玩儿三天。小王说下个月就要回上海去了。她说到时候给我当导游。

問1．我和小王是什么时候认识的？
　　① 去年四月。　　　❷ 今年十月。　　　③ 在朋友家。　　　④ 上高中时

問2．小王日语学了多长时间了？
　　① 一年了。　　　　❷ 四年了。　　　　③ 七年了。　　　　④ 十年了。

問3．我们星期天经常干什么？
　　① 看漫画。　　　　② 听音乐。　　　　❸ 唱卡拉OK。　　　④ 看电影。

問4．小王日文歌唱得怎么样？
　　① 英文歌唱得很好听。② 唱得不太好。　　③ 她会唱日文歌。　❹ 唱得很好听。

問5．我什么时候去上海旅游？
　　❶ 三月四号　　　　② 去年暑假　　　　③ 今年暑假　　　　④ 三月十号

付録4：語彙表

| 名 | 名詞 | 時間詞 | 方位詞 | 動 | 動詞 | 形 | 形容詞 | 数 | 数詞 | 量 | 量詞 | 数量 | 数量詞 | 代 | 人称代名詞 | 指示代名詞 | 疑問詞 |
| 副 | 副詞 | 前 | 前置詞 | 接 | 接続詞 | 助 | 助詞 | 助動 | 助動詞 | 嘆 | 感嘆詞 | 接頭 | 接頭辞 |

品詞名の表記がないものは定型文型，慣用句，組み合わせ連語，熟語である。
＊「拼音」（ピンイン）中に // を入れて示す動詞は離合詞である。

A

阿姨	āyí	名 おばさん
啊	a	助 感嘆などの語気を表す
爱	ài	動 愛する，好きだ
爱好	àihào	動 趣味とする
		名 趣味
按	àn	動 押す
按快门	àn kuàimén	シャッターを押す

B

八	bā	数 8
八月	bāyuè	名 8月
把	bǎ	前 ～を ➡ p.87
		量 ～本，～個（傘，椅子などを数える）
爸	bà	名 お父さん
爸爸	bàba	名 お父さん，父親
吧	ba	助 ～しましょう（勧誘，提案などの語気を表す）／～だろう（推測などの語気を表す）／命令の語気をやわらげる ➡ p.42, 108
白菜	báicài	名 白菜
百	bǎi	数 百
办	bàn	動 する，やる
办手续	bàn shǒuxù	手続きをする
半	bàn	数 半，二分の一
半个钟头	bàn ge zhōngtóu	30分間
帮	bāng	動 手伝う
棒	bàng	形 素晴しい，よい
棒球	bàngqiú	名 野球
包	bāo	動 包む
包饺子	bāo jiǎozi	餃子を作る
包子	bāozi	名 パオズ，中に餡の入った蒸したまんじゅう
保龄球	bǎolíngqiú	名 ボウリング
报	bào	名 新聞
抱歉	bàoqiàn	形 申し訳ない
北边儿	běibianr	名 北，北側
北海道	Běihǎidào	名 北海道（日本の地名）
北京	Běijīng	名 ペキン，北京（中華人民共和国の首都）
北京烤鸭	Běijīng kǎoyā	ペキンダック
北京人	Běijīngrén	名 北京出身の人
北面	běimiàn	名 北，北側
被	bèi	前 （受身文で行為者を導く）～によって～される ➡ p.81
本	běn	量 ～冊（書籍の冊数を数える）
比	bǐ	前 ～より ➡ p.80, 106
比赛	bǐsài	動 試合をする
		名 試合
毕业	bì//yè	動 卒業する
边~边~	biān~biān~	～しながら～する
便利店	biànlìdiàn	名 コンビニ
遍	biàn	量 ～回，～度（回数を数える）
表扬	biǎoyáng	動 褒める
别	bié	副 ～しないでください ➡ p.74
博物馆	bówùguǎn	名 博物館
不	bù	副 いいえ，～ではない，～しない
不错	búcuò	形 よい，悪くない
不但	búdàn	接 ～ばかりでなく
不过	búguò	接 しかし
不好意思	bù hǎoyìsi	恐れ入ります，恥ずかしい
不仅	bùjǐn	接 ～ばかりでなく
不客气	bú kèqi	どういたしまして，恐れ入ります
不可以	bù kěyǐ	してはいけない
不少	bù shǎo	多くの，少なくない
不是	bú shì	違います
不舒服	bù shūfu	気分が悪い
不太~	bú tài	あまり～ではない
不谢	bú xiè	どういたしまして
不行	bùxíng	動 だめです
不要~	búyào	副 ～しないでください，～してはいけない ➡ p.74
不用~	búyòng	副 ～する必要がない
不怎么~	bù zěnme	それほど～でない

部	bù	量	～本，～冊（映画や書籍などを数える）

C

才	cái	副	わずか，やっと
菜	cài	名	料理
菜单	càidān	名	メニュー
参观	cānguān	動	見物する，見学する
参加	cānjiā	動	参加する
餐厅	cāntīng	名	レストラン
草莓	cǎoméi	名	苺
厕所	cèsuǒ	名	トイレ
层	céng	量	～階（重なっているものを数える）
插花	chā//huā	動	生け花をする
茶	chá	名	お茶
茶水	cháshuǐ	名	茶や白湯
茶叶	cháyè	名	茶の葉
查	chá	動	調べる
差	chà	動	足りない，欠ける
长	cháng	形	長い
长城	Chángchéng	名	万里の長城（中国の名所）
尝	cháng	動	味わう
常常	chángcháng	副	いつも，よく
唱	chàng	動	歌う
超市	chāoshì	名	スーパーマーケット
车	chē	名	車
车票	chēpiào	名	乗車券
车站	chēzhàn	名	駅，バス停
乘	chéng	動	乗る
吃	chī	動	食べる
吃饭	chī//fàn	動	食事をする
吃完	chīwán	動	食べ終わる
迟到	chídào	動	遅刻する
冲绳	Chōngshéng	名	沖縄（日本の地名）
抽烟	chōu yān		タバコを吸う
出	chū	動	出る
出差	chū//chāi	動	出張する
出来	chūlai	動	出てくる
出去	chūqu	動	出ていく
出租车	chūzūchē	名	タクシー
初次见面	chūcì jiàn//miàn		初めまして，初対面
除了	chúle	前	～のほかに，～以外
除了～以外	chúle~yǐwài		～のほかに，～を除いて
穿	chuān	動	着る，はく
船	chuán	名	船
春假	chūnjià	名	春休み
春节	Chūnjié	名	春節，旧正月（旧暦1月1日）
春卷	chūnjuǎn	名	春まき
春天	chūntiān	名	春
词典	cídiǎn	名	辞書
次	cì	量	～回，～度（回数を数える）
从	cóng	前	～から ➡ p.48, 106

D

打	dǎ	動	打つ，する
打的	dǎ//dī	動	タクシーに乗る
打电话	dǎ diànhuà		電話を掛ける
打工	dǎ//gōng	動	アルバイトをする
打搅	dǎjiǎo	動	邪魔をする
打搅您了	dǎjiǎo nín le		お邪魔致しました
打麻将	dǎ májiàng		マージャンをする
打乒乓球	dǎ pīngpāngqiú		卓球をする
打球	dǎ qiú		球技をする
打太极拳	dǎ tàijíquán		太極拳をする
打扫	dǎsǎo	動	掃除する
打算	dǎsuan	動	～するつもりだ
		名	考え，計画
大	dà	形	大きい，年上である
大阪	Dàbǎn	名	大阪（日本の地名）
大家	dàjiā	名	みんな，皆さん
大人	dàren	名	大人
大蒜	dàsuàn	名	ニンニク
大堂	dàtáng	名	ロビー，ホール
大熊猫	dàxióngmāo	名	パンダ，ジャイアントパンダ
大学	dàxué	名	大学
带来	dàilai	動	持ってくる
戴	dài	動	（頭，顔，腕に）着ける
戴眼镜	dài yǎnjìng		メガネをかける
但是	dànshì	接	しかし
蛋糕	dàngāo	名	ケーキ
当	dāng	動	～になる，担当する
当导游	dāng dǎoyóu		ガイドになる
到	dào	動	着く，行く，達する
		前	～まで ➡ p.48, 106
德语	Déyǔ	名	ドイツ語
地	de	助	連用修飾語を作る ➡ p.98
的	de	助	連体修飾語を作る ➡ p.31

			強調や肯定の語気を表す ➡ p.108
的话	dehuà	助	もし〜ならば
得	de	助	様態補語を導く ➡ p.75
			可能補語を作る ➡ p.93
〜得很	de hěn		すごく〜
得	děi	助動	〜しなければならない ➡ p.69, 107
等	děng	動	待つ
地方	dìfang	名	処, 場所
地铁	dìtiě	名	地下鉄
地铁站	dìtiězhàn	名	地下鉄の駅
弟弟	dìdi	名	弟, 弟さん
第	dì	接頭	第〜（順番を表す）
点	diǎn	動	注文する, 数える
		量	〜時（時間の単位）
点菜	diǎn cài		料理を注文する
点儿	diǎnr	量	＝ "一点儿" 少し
点心	diǎnxin	名	軽食, 菓子
点钟	diǎn zhōng		〜時（時間の単位）
电车	diànchē	名	電車
电话	diànhuà	名	電話
电脑	diànnǎo	名	コンピューター
电视	diànshì	名	テレビ
电梯	diàntī	名	エレベーター
电影(儿)	diànyǐng(r)	名	映画
钓鱼	diào yú		魚釣りをする
东边儿	dōngbianr	名	東, 東側
东京	Dōngjīng	名	東京（日本の首都）
东面	dōngmiàn	名	東, 東側
东西	dōngxi	名	物
冬天	dōngtiān	名	冬
懂	dǒng	動	分かる
动物园	dòngwùyuán	名	動物園
都	dōu	副	みな, みんな, すべて
堵车	dǔchē	動	渋滞する
肚子	dùzi	名	腹
短信	duǎnxìn	名	メール
锻炼	duànliàn	動	鍛える
对	duì	形	そうだ, はい, 正しい
		前	〜に対して ➡ p.44, 106
对不起	duìbuqǐ	動	すみません
兑换处	duìhuànchù	名	両替所
对面	duìmiàn	名	向こう
顿	dùn	量	〜回, 〜食（叱責・食事の回数を数える）
多	duō	形	多い
		代	どれくらいの〜
多长时间	duō cháng shíjiān		どれくらいの時間
多大	duō dà		何歳, どれくらいの大きさ
多少	duōshao	代	どれくらい（数量を尋ねる）
多少钱	duōshao qián		いくら（値段を尋ねる）

E

俄语	Éyǔ	名	ロシア語
饿	è	形	飢える
而且	érqiě	接	その上, しかも
二	èr	数	2
二百	èrbǎi	数	200
二楼	èr lóu		2階
二亿	èr yì	数	2億
二月	èryuè	名	2月

F

发	fā	動	（メールなどを）送る
发短信	fā duǎnxìn		メールを送る
发票	fāpiào	名	領収書
发音	fāyīn	名	発音
法国	Fǎguó	名	フランス
法律	fǎlǜ	名	法律
法学	fǎxué	名	法学
法学系	fǎxué xì		法学部
法语	Fǎyǔ	名	フランス語
饭	fàn	名	ご飯, 食事
饭店	fàndiàn	名	ホテル, 料理屋
饭团	fàntuán	名	おにぎり
房间	fángjiān	名	部屋
放	fàng	動	置く,（休みに）なる
放假	fàng//jià	動	休みになる
放暑假	fàng shǔjià		夏休みになる
飞机	fēijī	名	飛行機
非常	fēicháng	副	非常に
分	fēn	量	分（時間・中国貨幣の単位）
分钟	fēn zhōng		〜分間（時間の単位）
风俗	fēngsú	名	風習
服务员	fúwùyuán	名	（ホテルやレストランの）従業員
父母	fùmǔ	名	両親
父亲	fùqin	名	父親

附近	fùjìn	名 付近
复习	fùxí	動 復習する

G

咖哩饭	gālífàn	名 カレーライス
干杯	gān//bēi	動 乾杯をする
感兴趣	gǎn xìngqù	興味がある，興味を持つ
干	gàn	動 する，やる
钢琴	gāngqín	名 ピアノ
高兴	gāoxìng	形 嬉しい，喜ぶ
高中	gāozhōng	名 高校
告诉	gàosu	動 告げる
哥哥	gēge	名 兄，兄さん
歌(儿)	gē(r)	名 歌
歌曲	gēqǔ	名 歌
个	ge	量 〜個（物を数える）
给	gěi	動 与える，くれる，あげる／〜させる
		前 〜に ➡ p.50, 106
给我看看	gěi wǒ kànkan	私に見せてください
跟	gēn	前 〜と ➡ p.54, 106
工作	gōngzuò	動 働く
		名 仕事
公交车	gōngjiāochē	名 バス
公司	gōngsī	名 会社
狗	gǒu	名 犬
故宫	Gùgōng	名 故宫博物院（北京の名所）
刮风	guā fēng	風が吹く
拐	guǎi	動 曲がる
关照	guānzhào	動 面倒を見る
光临	guānglín	動 ご光臨，ご来訪
广东菜	Guǎngdōngcài	名 広東料理
广东话	Guǎngdōnghuà	名 広東語
贵	guì	形 値段が高い
贵姓	guìxìng	名 お名前（姓を聞く敬語）
过	guò	動 通る，過ぎる
过来	guòlai	動 やってくる
过去	guòqu	動 通り過ぎていく
过	guo	助 〜したことがある ➡ p.48

H

还	hái	副 その上，まだ
还可以	hái kěyǐ	まあまあです
还没〜	hái méi	まだ〜していない
还没呢	hái méi ne	まだです
还是	háishi	接 それとも ➡ p.43
		副 やはり
韩国	Hánguó	名 韓国
韩语	Hányǔ	名 韓国語
寒假	hánjià	名 冬休み
汉堡包	hànbǎobāo	名 ハンバーガー
汉语	Hànyǔ	名 中国語
好	hǎo	形 よい／（同意・承諾を表す）よろしい，はい
好吃	hǎochī	形 美味しい
好多	hǎoduō	数 たくさん（の）
好喝	hǎohē	形 （飲んで）美味しい
好看	hǎokàn	形 きれいだ
好久	hǎojiǔ	形 長い間
好久不见了	hǎojiǔ bú jiàn le	お久しぶりです
号	hào	量 〜日（日にちを示す），号（番号を示す）
号码	hàomǎ	名 番号
喝	hē	動 飲む
喝完	hēwán	動 飲み終わる
和	hé	接 と（並列を表す）
		前 〜と（相手を導く） ➡ p.54, 106
黑	hēi	形 黒い
黑板	hēibǎn	名 黒板
很	hěn	副 とても
很多	hěn duō	多くの，たくさん
红	hóng	形 赤い
红茶	hóngchá	名 紅茶
红叶	hóngyè	名 紅葉
后边儿	hòubianr	名 後，後方
后面	hòumiàn	名 後，後方
后年	hòunián	名 再来年
后天	hòutiān	名 明後日
壶	hú	量 急須などに入ったものを数える
护照	hùzhào	名 パスポート
花茶	huāchá	名 ジャスミン茶
滑雪	huá//xuě	動 スキーをする
画	huà	動 描く
画儿	huàr	名 絵
画展	huàzhǎn	名 絵画の展覧会
话	huà	名 話，言葉

欢迎	huānyíng	動 歓迎する，ようこそ
欢迎光临	huānyíng guānglín	ようこそ，いらっしゃいませ
换	huàn	動 換える
换钱	huàn//qián	動 両替をする
黄金周	huángjīnzhōu	名 ゴールデンウィーク
回	huí	動 戻る
		量 ～回，～度（回数を数える）
回不来	huíbulái	動 帰ってくることができない
回得来	huídelái	動 帰ってくることができる
回国	huí//guó	動 帰国する
回家	huí//jiā	動 家に帰る
回来	huílai	動 帰ってくる，戻ってくる
回去	huíqu	動 帰っていく，戻っていく
会	huì	名 会議
		動 できる
		助動 ～することができる ➡ p.42
		～するだろう ➡ p.81，107
会话	huìhuà	動 会話をする
活动	huódòng	名 活動
火车	huǒchē	名 汽車
火车站	huǒchēzhàn	名 汽車の駅

J

机场	jīchǎng	名 空港
机会	jīhui	名 機会
鸡蛋	jīdàn	名 鶏卵，卵
鸡尾酒	jīwěijiǔ	名 カクテル
～极了	jí le	とても，実に
急	jí	形 焦る
几	jǐ	代 いくつ（数量を尋ねる）
几次	jǐ cì	何回
几点	jǐ diǎn	何時
几号	jǐ hào	何日
几节课	jǐ jié kè	何コマの授業
几口人	jǐ kǒu rén	何人家族
几路车	jǐ lù chē	何番のバス
几月	jǐ yuè	何月
计划	jìhuà	動 計画する
		名 計画
季节	jìjié	名 季節
加拿大	Jiānádà	名 カナダ
家	jiā	名 家
		量 ～軒（商店・企業などを数える）
家常菜	jiāchángcài	名 家庭料理
家里	jiā li	家の中
减肥	jiǎn//féi	動 ダイエットをする
剪纸	jiǎnzhǐ	名 切り絵（伝統工芸品，花鳥，人物，名所旧跡などの題材が多い）
简单	jiǎndān	形 簡単である
见	jiàn	動 会う
见面	jiàn//miàn	動 会う
件	jiàn	量 ～枚，～件（衣類・事柄などを数える）
教	jiāo	動 教える
角	jiǎo	量 角（中国貨幣の単位）
饺子	jiǎozi	名 ギョーザ
叫	jiào	動 ～という，呼ぶ
		動 （使役文に用い）～に～させる ➡ p.74
		前 （受身文に用い）～に～される ➡ p.81
教室	jiàoshì	名 教室
节	jié	量 ～コマ（授業のコマを数える）
节假日	jiéjiàrì	名 祝日と休日
节日	jiérì	名 祝日
结婚	jié//hūn	動 結婚する
姐姐	jiějie	名 姉，姉さん
姐妹	jiěmèi	名 姉妹
借	jiè	動 借りる，貸す
借走	jièzǒu	動 借りていく
今后	jīnhòu	名 これから，今後
今年	jīnnián	名 今年
今天	jīntiān	名 今日
紧	jǐn	形 きつい，切迫している
进	jìn	動 入る
进来	jìnlai	動 入ってくる
进去	jìnqu	動 入っていく
近	jìn	形 近い
京都	Jīngdū	名 京都（日本の地名）
京剧	jīngjù	名 京劇（中国の代表的な演劇）
经常	jīngcháng	副 いつも
经济	jīngjì	名 経済
精彩	jīngcǎi	形 素晴しい
景点	jǐngdiǎn	名 観光スポット
九	jiǔ	数 9

九号	jiǔ hào		9日
九月	jiǔyuè	名	9月
酒	jiǔ	名	酒
酒吧	jiǔbā	名	バー
酒店	jiǔdiàn	名	ホテル
就	jiù	副	すぐに，～ならば，ほかでもなく
就要～了	jiù yào~le		もうすぐ～する ➡ p.48
俱乐部	jùlèbù	名	クラブ
觉得	juéde	動	思う，感じる

K

咖啡	kāfēi	名	コーヒー
咖啡馆	kāfēiguǎn	名	喫茶店
卡拉OK	kǎlā OK		カラオケ
开	kāi	動	（車を）運転する
开车	kāi//chē	動	車を運転する
开始	kāishǐ	動	始まる，始める
开心	kāixīn	形	楽しい
看	kàn	動	読む，見る
看不懂	kànbudǒng	動	読めない
看到	kàndào	動	見かける，見える
看得懂	kàndedǒng	動	読める
看得清楚	kàndeqīngchu	動	はっきり見える
看懂	kàndǒng	動	読んで分かる
看好	kànhǎo	動	読み終える
看看	kànkan		見てみる，読んでみる
看样子	kàn yàngzi		見たところ～のようだ
考	kǎo	動	試験をする，試験を受ける
考虑	kǎolǜ	動	考える
考试	kǎo//shì	動	試験をする，試験を受ける
烤鸭	kǎoyā	名	北京ダック，アヒルの丸焼き
咳嗽	késou	動	咳をする
可爱	kě'ài	形	かわいい
可乐	kělè	名	コーラ
可～了	kě~le		とても，実に
可是	kěshì	接	しかし
可以	kěyǐ	助動	～してもよい，～できる ➡ p.62, 107
刻	kè	量	15分
客气	kèqi	動	遠慮する
课	kè	名	授業，～課
课本	kèběn	名	テキスト
课文	kèwén	名	テキストの本文

空(儿)	kòng(r)	名	ひま，空いた時間
口	kǒu	量	～人（家族の人数を数える）
块	kuài	量	元（中国貨幣の単位，"元"の口語体）
快	kuài	形	（速度が）速い
		副	まもなく（文末に"了"を伴う）
快～了	kuài~le		もうすぐ～する ➡ p.48
快门	kuàimén	名	シャッター
快要	kuàiyào	副	まもなく（文末に"了"を伴う）
快要～了	kuàiyào~le		もうすぐ～する ➡ p.48
困	kùn	形	眠い

L

辣	là	形	辛い
来	lái	動	来る／（料理などを注文する時に）～をください／動詞の前に置き，積極的にある行為をするのを表す／（方向補語として）～してくる ➡ p.63
来不了	láibuliǎo	動	来ることができない
来得了	láideliǎo	動	来ることができる
篮球	lánqiú	名	バスケットボール
朗读	lǎngdú	動	朗読する
劳驾	láojià	動	（頼み事をする時に）すみません，おそれいります
老	lǎo	接頭	～さん（目上の人の姓の前につけ，親しみを表す）
老家	lǎojiā	名	故郷，実家
老酒	lǎojiǔ	名	ラオチュウ，紹興酒
老师	lǎoshī	名	先生，教師
老王	Lǎo Wáng		王さん
姥姥	lǎolao	名	おばあさん，（母方の）祖母
了	le	助	文末に用い，新しい状況の発生・状態の変化などを表す ➡ p.42, 109
		助	動詞の後に用い，動作の完了を表す ➡ p.68, 109
累	lèi	形	疲れる
冷	lěng	形	寒い
离	lí	前	～から，～まで ➡ p.48, 106
里	lǐ, li	名	～の中
里边儿	lǐbianr	名	中，内
里面	lǐmiàn	名	中，内
礼物	lǐwù	名	プレゼント

李	Lǐ	名	李（姓）
李香	Lǐ Xiāng	名	李香（氏名）
联系	liánxì	動	連絡する
练习	liànxí	動	練習する
		名	練習
凉快	liángkuai	形	涼しい
两	liǎng	数	2（量詞の前に用いる）
两点	liǎng diǎn		2時
两个半小时	liǎng ge bàn xiǎoshí		2時間半
两年	liǎng nián		2年
两千	liǎngqiān	数	2千
两天	liǎng tiān		2日間
两万	liǎngwàn	数	2万
两周	liǎng zhōu		2週間
辆	liàng	量	～台（自転車,車などを数える）
聊	liáo	動	雑談をする
聊天儿	liáo//tiānr	動	雑談をする
林	Lín	名	林（姓）
淋湿	línshī	動	ぬれる
零	líng	数	ゼロ
铃木	Língmù	名	鈴木（姓）
留下	liúxià	動	残す，残る
留学	liú//xué	動	留学する
留学生	liúxuéshēng	名	留学生
流利	liúlì	形	流暢だ
六	liù	数	6
六号馆	liù hào guǎn		6号館
六月	liùyuè	名	6月
笼	lóng	量	せいろう（小さいなせいろうに入っているものを数える）
楼	lóu	名	ビル，～階
楼下	lóuxià	名	1階，下の階
路	lù	名	道路，～番線
路口	lùkǒu	名	交差点
旅行	lǚxíng	動	旅行する
旅游	lǚyóu	動	旅行する

M

妈	mā	名	お母さん
妈妈	māma	名	お母さん，母親
麻	má	名	麻
麻烦	máfan	動	面倒を掛ける
麻烦您了	máfan nín le		お手数をお掛けしました
麻婆豆腐	mápó dòufu		マーボー豆腐
马	mǎ	名	馬
马上	mǎshàng	副	すぐに，直ちに
骂	mà	動	叱る，罵る
吗	ma	助	文末につけ，疑問を表す ➡ p.31, 108
买	mǎi	動	買う
买不到	mǎibudào	動	（品切れで）買えない
买到	mǎidào	動	手に入れる，手に入る
买得到	mǎidedào	動	買える
买东西	mǎi dōngxi		買物をする
麦克	Màikè	名	マイク（人名）
漫画	mànhuà	名	漫画
忙	máng	形	忙しい
猫	māo	名	猫
毛	máo	量	毛（中国貨幣の単位，"角"の口語体）
毛衣	máoyī	名	セーター
贸易	màoyì	名	貿易
没关系	méi guānxi		かまいません，大丈夫です
没什么	méi shénme		かまいません，どういたしまして
没(有)	méi (you)	動	ない，持っていない ➡ p.37 ／（比較に用い）ほど～でない ➡ p.80
		副	～していない，～しなかった
梅花	méihuā	名	梅の花
梅田	Méitián	名	梅田（日本の地名）
每	měi	代	それぞれ，毎～，どの～も
每天	měi tiān		毎日
美	měi	形	美しい
美国	Měiguó	名	アメリカ
美国人	Měiguórén	名	アメリカ人
美食	měishí	名	美食
美术馆	měishùguǎn	名	美術館
美元	měiyuán	名	米ドル
妹妹	mèimei	名	妹，妹さん
面包	miànbāo	名	パン
面条(儿)	miàntiáo(r)	名	うどん，そばなどの麺類
名字	míngzi	名	名前
明白	míngbai	動	分かる，理解する
明白了	míngbai le		分かりました
明年	míngnián	名	来年
明天	míngtiān	名	明日
明天见	míngtiān jiàn		また明日

摩托车	mótuōchē	名	オートバイ
茉莉花茶	mòli huāchá		ジャスミン茶
母亲	mǔqin	名	母親
木村学	Mùcūn Xué	名	木村学（氏名）
木子李	mù zǐ lǐ		木と子で李という文字

N

哪	nǎ	代	どれ
哪个	nǎ(něi)ge	代	どれ，どの
哪国人	nǎ guó rén		どの国の人
哪里	nǎli	代	どこ
哪里哪里	nǎli nǎli		とんでもない，どういたしまして
哪儿	nǎr	代	どこ
哪位	nǎ(něi)wèi	代	どなた
哪些	nǎ(něi)xiē	代	どれ，どの（複数）
那	nà	代	それ，あれ
那(么)	nà(me)	接	それでは
那边儿	nàbianr	代	そこ，あそこ，あちら
那个	nà(nèi)ge	代	それ，あれ，その，あの
那里	nàli	代	そこ，あそこ
那么	nàme	代	そんなに，あんなに，そのように，あのように
那儿	nàr	代	そこ，あそこ
奶奶	nǎinai	名	おばあさん，（父方の）祖母
难	nán	形	難しい
南边儿	nánbianr	名	南，南側
南京路	Nánjīng Lù	名	南京路（上海一の繁華街）
南面	nánmiàn	名	南，南側
呢	ne	助	～は？ ➡ p.36, 108／文末に用い，疑問や動作の持続などの語気を強める ➡ p.108
能	néng	助動	～することができる ➡ p.62, 107
你	nǐ	代	あなた
你好	nǐ hǎo		こんにちは
你好吗	nǐ hǎo ma		お元気ですか
你看	nǐ kàn		ほら，ごらんください
你们	nǐmen	代	あなたたち
年	nián	量	～年
年级	niánjí	名	学年，～年生
念	niàn	動	（声を出して）読む
鸟	niǎo	名	鳥
您	nín	代	あなたさま（"你"の尊称）
您贵姓	nín guìxìng		お名前はなんとおっしゃいますか（姓を聞く）
您好	nín hǎo		こんにちは
努力	nǔlì	形	努力する
女儿	nǚ'ér	名	娘
暖和	nuǎnhuo	形	暖かい

O

欧元	ōuyuán	名	ユーロ

P

怕	pà	動	怖がる，恐れる
拍	pāi	動	（写真を）撮る
拍照	pāi//zhào	動	写真を撮る
派对	pàiduì	名	パーティー
跑步	pǎo//bù	動	ジョギングをする
朋友	péngyou	名	友達
啤酒	píjiǔ	名	ビール
篇	piān	量	～編（文章を数える）
便宜	piányi	形	安い
票	piào	名	チケット
漂亮	piàoliang	形	きれいだ，美しい
品尝	pǐncháng	動	味わう
乒乓球	pīngpāngqiú	名	卓球
瓶	píng	量	～本（瓶に入っているものを数える）
苹果	píngguǒ	名	林檎
葡萄酒	pútaojiǔ	名	ワイン
普洱茶	pǔ'ěrchá	名	プーアル茶
普通话	pǔtōnghuà	名	標準語，共通語

Q

七	qī	数	7
七月	qīyuè	名	7月
旗袍	qípáo	名	チャイナドレス
骑	qí	動	またがる，（馬や自転車などに）乗る
骑车	qí chē		自転車に乗る，オートバイに乗る
骑自行车	qí zìxíngchē		自転車に乗る
骑走	qízǒu	動	乗っていく
起	qǐ	動	起きる
起不来	qǐbulái	動	起きられない
起床	qǐ//chuáng	動	起きる，起床する

起得来	qǐdelái	動 起きられる
起来	qǐlai	動 起きる
汽水	qìshuǐ	名 炭酸飲料
千	qiān	数 千
铅笔	qiānbǐ	名 鉛筆
前	qián	名 前
前边儿	qiánbianr	名 前，前方
前面	qiánmiàn	名 前，前方
前年	qiánnián	名 一昨年
前天	qiántiān	名 おととい
钱	qián	名 お金
钱包	qiánbāo	名 財布
清楚	qīngchu	形 はっきりしている
晴天	qíngtiān	名 晴れ
请	qǐng	動 ～してください，招待する
请多关照	qǐng duō guānzhào	よろしくお願いします
请客	qǐng//kè	動 ご馳走する
请稍等	qǐng shāo děng	少々お待ちください
请问	qǐngwèn	動 ちょっとお尋ねします
秋天	qiūtiān	名 秋
去	qù	動 行く，（方向補語として）～していく ➡ p.63
去不了	qùbuliǎo	動 行くことができない
去得了	qùdeliǎo	動 行くことができる
去年	qùnián	名 去年
全	quán	副 すべて
裙子	qúnzi	名 スカート

R

然后	ránhòu	接 それから
让	ràng	動 （使役文に用い）～に～させる ➡ p.74
		前 （受身文に用い）～に～される ➡ p.81
让你久等了	ràng nǐ jiǔ děng le	お待たせいたしました
热	rè	形 暑い
热闹	rènao	形 賑やかだ
人	rén	名 人
认识	rènshi	動 知り合う，知っている
日	rì	量 ～日（日にちを示す）
日本	Rìběn	名 日本
日本人	Rìběnrén	名 日本人
日常	rìcháng	形 日常の
日文	Rìwén	名 日本語
日语	Rìyǔ	名 日本語
日元	rìyuán	名 円，日本円
入住	rùzhù	動 チェックインをする

S

三	sān	数 3
三明治	sānmíngzhì	名 サンドイッチ
三十分钟	sānshí fēn zhōng	30 分間
三天	sān tiān	3 日間
三月	sānyuè	名 3 月
伞	sǎn	名 傘
散步	sàn//bù	動 散歩する
嗓子	sǎngzi	名 喉，声
山本	Shānběn	名 山本（姓）
山田	Shāntián	名 山田（姓）
上	shàng	名 上，（時間や順序が）前の，先の，（名詞＋"上"）～の上，～の表面
		動 上がる，登る，通う，乗る
上班	shàng//bān	動 出勤する
上边儿	shàngbianr	名 上，上の方
上(个)星期	shàng(ge)xīngqī	先週
上个月	shàng ge yuè	先月
上车	shàng//chē	動 乗車する
上海	Shànghǎi	名 シャンハイ，上海（中国の地名）
上海话	Shànghǎihuà	名 上海語
上课	shàng//kè	動 授業を受ける，授業をする
上来	shànglai	動 上がってくる
上面	shàngmiàn	名 上，上の方
上去	shàngqu	動 上がっていく
上网	shàng//wǎng	動 インターネットをする
上午	shàngwǔ	名 午前
上学	shàng//xué	動 学校に行く，通学する
稍	shāo	副 少し
谁	shéi(shuí)	代 だれ，どなた
身体	shēntǐ	名 体
深刻	shēnkè	形 深い
什么	shénme	代 なに，どんな，なんの，なにか
什么地方	shénme dìfang	どこ，どんな所
什么时候	shénme shíhou	いつ

神户	Shénhù	名 神戸（日本の地名）
生日	shēngrì	名 誕生日
十	shí	数 10
十八层	shíbā céng	18階
十二月	shí'èryuè	名 12月
十一月	shíyīyuè	名 11月
十月	shíyuè	名 10月
时	shí	名 〜の時
时候	shíhou	名 〜の時
时间	shíjiān	名 時間，暇
食堂	shítáng	名 食堂
事（儿）	shì(r)	名 用事，事柄
试	shì	動 試す，試みる
是	shì	動 〜だ，〜である ➡ p.30
是〜的	shì~de	〜したのだ ➡ p.63
是的	shì de	はい，そうです（肯定の返事）
是吗	shì ma	そうですか
手机	shǒujī	名 携帯電話
手续	shǒuxù	名 手続き
首	shǒu	量 〜曲（歌や詩を数える）
寿司	shòusī	名 寿司
售货员	shòuhuòyuán	名 （商店の）店員
书	shū	名 本
舒服	shūfu	形 気分がよい
暑假	shǔjià	名 夏休み
树	shù	名 木
树下	shù xià	木の下
双	shuāng	量 〜組，〜足（対になっているものを数える）
谁	shuí(shéi)	代 だれ，どなた
水果	shuǐguǒ	名 果物
睡	shuì	動 眠る，寝る
睡觉	shuì//jiào	動 眠る，寝る
说	shuō	動 話す，言う，叱る
说错	shuōcuò	動 言い間違える
司机	sījī	名 運転手
四	sì	数 4
四川菜	Sìchuāncài	名 四川料理
四川话	Sìchuānhuà	名 四川語
四月	sìyuè	名 4月
苏州菜	Sūzhōucài	名 蘇州料理
苏州话	Sūzhōuhuà	名 蘇州語
酸辣汤	suānlàtāng	名 酸味と辛みのあるスープ
虽然	suīrán	接 〜であるけれども
岁	suì	量 〜歳（年齢を数える）
所以	suǒyǐ	接 だから，したがって

T

它	tā	代 それ，あれ
它们	tāmen	代 それら，あれら
他	tā	代 彼
他们	tāmen	代 彼ら
她	tā	代 彼女
她们	tāmen	代 彼女たち
台	tái	量 〜台（機械などを数える）
台风	táifēng	名 台風
台湾	Táiwān	名 台湾
太〜了	tài~le	大変〜，あまりにも〜すぎる
太极拳	tàijíquán	名 太極拳
弹	tán	動 弾く
弹钢琴	tán gāngqín	ピアノを弾く
汤	tāng	名 スープ
糖	táng	名 あめ，砂糖
糖醋鱼	tángcùyú	名 魚の甘酢あんかけ
躺	tǎng	動 寝そべる
趟	tàng	量 〜回，〜度（一往復の回数を数える）
烫	tàng	動 アイロンをかける 形 熱い
桃子	táozi	名 桃
套	tào	量 〜セット，〜組（組になっているものを数える）
特别	tèbié	副 特に
疼	téng	形 痛い
踢	tī	動 蹴る
踢足球	tī zúqiú	サッカーをする
天	tiān	量 〜日間
天气	Tiānqì	名 天気
甜	tián	形 甘い
条	tiáo	量 〜本，〜匹（細長い物やある種の動物を数える）
跳舞	tiào//wǔ	動 踊る，ダンスをする
听	tīng	動 聞く
听不懂	tīngbudǒng	動 聞き取れない，聞いて分からない
听不清楚	tīngbuqīngchu	動 はっきりと聞き取れない
听得懂	tīngdedǒng	動 聞き取れる，聞いて分かる
听得清楚	tīngdeqīngchu	動 はっきりと聞き取れる

听懂	tīngdǒng	動 (聞いて) 分かる
听说	tīngshuō	動 聞くところによれば〜だそうだ
停车场	tíngchēchǎng	名 駐車場，駐輪場
挺	tǐng	副 とても
挺〜的	tǐng〜de	とても〜
同学	tóngxué	名 同級生，学生に対する呼称
痛	tòng	形 痛い
偷	tōu	動 盗む
头	tóu	名 頭
头疼	tóu téng	頭痛がする
图书馆	túshūguǎn	名 図書館
土豆	tǔdòu	名 ジャガイモ

W

哇	wa	助 = "啊" 感嘆などの語気を表す
外	wài	名 外
外边儿	wàibianr	名 外，外側
外国	wàiguó	名 外国
外面	wàimiàn	名 外，外側
外滩	Wàitān	名 外灘，バンド（上海の観光スポット）
外头	wàitou	名 外，外側
〜完	wán	動 〜し終える
玩儿	wánr	動 遊ぶ
晚	wǎn	形 (時間が) 遅い
晚安	wǎn'ān	動 お休みなさい
晚到	wǎndào	動 遅れる
晚饭	wǎnfàn	名 夕飯
晚上	wǎnshang	名 晩，夜
晚上好	wǎnshang hǎo	こんばんは
碗	wǎn	量 〜膳，〜個（碗に入っているものを数える）
万	wàn	数 万
万里长城	Wàn Lǐ Chángchéng	名 万里の長城（中国の名所）
王	Wáng	名 王（姓）
网吧	wǎngbā	名 ネットカフェ
网球	wǎngqiú	名 テニス
往	wǎng	前 〜へ ➡ p.69, 106
喂	wéi	嘆 (電話での呼びかけに) もしもし
为	wèi	前 〜のために ➡ p.94, 106
为了	wèile	前 〜のために ➡ p.106

为什么	wèi shénme	なぜ，どうして
味道	wèidao	名 味
文化	wénhuà	名 文化
我	wǒ	代 私，僕
我们	wǒmen	代 私たち
乌龙茶	wūlóngchá	名 ウーロン茶
五	wǔ	数 5
五分钟	wǔ fēn zhōng	5分間
五月	wǔyuè	名 5月
午饭	wǔfàn	名 昼ご飯

X

西边儿	xībianr	名 西，西側
西面	xīmiàn	名 西，西側
吸烟	xī yān	タバコを吸う
洗	xǐ	動 洗う
洗手间	xǐshǒujiān	名 手洗い，トイレ
洗衣服	xǐ yīfu	洗濯をする
洗澡	xǐ//zǎo	動 入浴する，お風呂に入る
喜爱	xǐ'ài	動 好きである，好む
喜欢	xǐhuan	動 好きである，好む
系	xì	名 学部
下	xià	動 下りる，(雪や雨が) 降る 名 下，(時間や順序が) 次の
下班	xià//bān	動 退勤する
下边儿	xiàbianr	名 下，下の方
下车	xià//chē	動 下車する
下(个)星期	xià (ge) xīngqī	来週
下个月	xià ge yuè	来月
下课	xià//kè	動 授業が終わる
下来	xiàlai	動 下りてくる
下面	xiàmiàn	名 下，次
下去	xiàqu	動 下りていく
下午	xiàwǔ	名 午後
下雪	xià xuě	雪が降る
下雨	xià yǔ	雨が降る
夏天	xiàtiān	名 夏
先	xiān	副 先に，まず
先生	xiānsheng	名 〜さん（成人男性に対する敬称）
现在	xiànzài	名 いま
香	xiāng	形 芳ばしい
香港	Xiānggǎng	名 ホンコン，香港
香蕉	xiāngjiāo	名 バナナ

想	xiǎng	動 思う，考える
		助動 ~したいと思う ➡ p.49, 107
向	xiàng	前 ~へ，~に ➡ p.70, 106
相机	xiàngjī	名 カメラ
小	xiǎo	形 小さい，年下である
		接頭 ~くん，~さん（目下や同輩の姓の前につけ，親しみを表す）
小陈	Xiǎo Chén	陳さん，陳くん
小孩儿	xiǎoháir	名 子供
小姐	xiǎojiě	名 ~さん（若い女性に対する敬称）
小李	Xiǎo Lǐ	李さん，李くん
小笼包	xiǎolóngbāo	名 小籠包（しょうろんぽう，上海の名物）
小时	xiǎoshí	名 ~時間（時間を数える単位）
笑	xiào	動 笑う
鞋	xié	名 靴
写	xiě	動 書く
写错	xiěcuò	動 書き間違える
写信	xiě xìn	手紙を書く
谢谢	xièxie	動 ありがとう，感謝する
谢谢您	xièxie nín	ありがとうございます
新课	xīnkè	名 新しい課
新天地	Xīntiāndì	名 新天地（上海近代建築「石庫門」を生かした造りの娯楽施設）
信	xìn	名 手紙
信用卡	xìnyòngkǎ	名 クレジットカード
星期	xīngqī	名 曜日，週
星期二	xīngqī'èr	名 火曜日
星期几	xīngqī jǐ	何曜日
星期六	xīngqīliù	名 土曜日
星期日	xīngqīrì	名 日曜日
星期三	xīngqīsān	名 水曜日
星期四	xīngqīsì	名 木曜日
星期天	xīngqītiān	名 日曜日
星期五	xīngqīwǔ	名 金曜日
星期一	xīngqīyī	名 月曜日
行	xíng	動 よろしい
行李	xíngli	名 荷物
行人	xíngrén	名 歩行者
兴趣	xìngqù	名 興味
姓	xìng	動 ~という姓である
熊	xióng	名 熊
熊猫	xióngmāo	名 パンダ
熊猫馆	xióngmāoguǎn	名 パンダ館
休息	xiūxi	動 休む
学	xué	動 習う
学生	xuésheng	名 学生
学习	xuéxí	動 勉強する
学校	xuéxiào	名 学校

Y

烟	yān	名 タバコ，煙
眼镜	yǎnjìng	名 メガネ
眼睛	yǎnjing	名 目
要	yào	動 要る，かかる，注文する
		助動 ~したい，~しなければならない ➡ p.62, 107／まもなく（文末に"了"を伴う）
要~了	yào~le	もうすぐ~する ➡ p.48, 109
要是	yàoshi	接 もし~ならば ➡ p.69
爷爷	yéye	名 おじいさん，（父方の）祖父
也	yě	副 も
~也好~也好	~yěhǎo~yěhǎo	~といい~といい
也许	yěxǔ	副 ~かもしれない
页	yè	量 ~ページ
夜景	yèjǐng	名 夜景
一	yī	数 1
一边~一边~	yìbiān~yìbiān~	~しながら~する
一点儿	yìdiǎnr	数量 少し
一定	yídìng	副 きっと，必ず
一共	yígòng	副 合計で
一会儿	yíhuìr	数量 しばらく
一~就~	yī~jiù~	~すると，（すぐ）~する ➡ p.86
一刻	yí kè	15分
一块儿	yíkuàir	副 一緒に
一起	yìqǐ	副 一緒に
一下	yíxià	数量 （動詞の後に用い）ちょっと~する ➡ p.75
一些	yìxiē	数量 少し
一样	yíyàng	形 同じだ
一月	yīyuè	名 1月
伊藤	Yīténg	名 伊藤（姓）
衣服	yīfu	名 服
医院	yīyuàn	名 病院

颐和园	Yíhéyuán	名	頤和園（北京の名所）
以后	yǐhòu	名	〜してから，以後
以前	yǐqián	名	以前，前
已经	yǐjīng	副	すでに
椅子	yǐzi	名	椅子
意大利	Yìdàlì	名	イタリア
因为	yīnwèi	接	〜なので，〜であるからだ（原因や理由を表す）
阴天	yīntiān	名	曇り
音乐	yīnyuè	名	音楽
银	yín	名	銀
银行	yínháng	名	銀行
印象	yìnxiàng	名	印象
应该	yīnggāi	助動	〜すべきだ
英文	Yīngwén	名	英語
英语	Yīngyǔ	名	英語
樱花	yīnghuā	名	桜
赢	yíng	動	勝つ
硬	yìng	形	硬い
用	yòng	動	使う
用不了	yòngbuliǎo	動	かからない，使い切れない
邮局	yóujú	名	郵便局
邮票	yóupiào	名	切手
游	yóu	動	泳ぐ
游客	yóukè	名	観光客
游览	yóulǎn	動	遊覧する
游泳	yóu//yǒng	動	泳ぐ
友谊	yǒuyì	名	友情
有	yǒu	動	ある，いる，持っている
有点儿	yǒudiǎnr	副	少し
有事	yǒu shì		用事がある
有意思	yǒu yìsi		面白い
又	yòu	副	また
又〜了	yòu~le		また〜した
又〜又〜	yòu~yòu~		〜である上に〜
右	yòu	名	右
右边儿	yòubianr	名	右，右側
右面	yòumiàn	名	右，右側
鱼	yú	名	魚
雨	yǔ	名	雨
雨天	yǔtiān	名	雨天
雨衣	yǔyī	名	レインコート
语法	yǔfǎ	名	文法
豫园	Yùyuán	名	ヨエン，豫園（上海の名所）

元	yuán	量	元（中国貨幣の単位）
圆珠笔	yuánzhūbǐ	名	ボールペン
远	yuǎn	形	遠い
愿意	yuànyì	助動	〜したいと思う
约好	yuēhǎo	動	約束する
月	yuè	名	〜月（月順，月の単位を示す）
越〜越	yuè~yuè	副	〜であれば〜であるほど

Z

杂志	zázhì	名	雑誌
在	zài	動	いる，ある ➡ p.36
		前	〜で（〜する）➡ p.36
		副	〜している ➡ p.36
再	zài	副	再び，（〜して）それから
再见	zàijiàn	動	また会いましょう
咱们	zánmen	代	私たち（話し手と聞き手の双方を含む）
早	zǎo	形	（時間が）早い
早饭	zǎofàn	名	朝食
早上	zǎoshang	名	朝
早上好	zǎoshang hǎo		おはようございます
怎么	zěnme	代	どのように，どうして
怎么样	zěnmeyàng	代	どうですか
张	zhāng	量	〜枚，〜脚（切符，紙，机などを数える）
张	Zhāng	名	張（姓）
长	zhǎng	動	成長する
着凉	zháo//liáng	動	風邪を引く
照	zhào	動	（写真を）撮る
照了	zhào le		撮りますよ
照片	zhàopiàn	名	写真
照相	zhào//xiàng	動	写真を撮る
照相机	zhàoxiàngjī	名	カメラ
这	zhè	代	これ，それ
这次	zhè cì		今回
这个	zhè(zhèi)ge	代	これ，それ，この，その
这个星期	zhèige xīngqī		今週
这个星期一	zhèige xīngqīyī		今週の月曜日
这个月	zhèige yuè		今月
这里	zhèli	代	ここ，そこ
这儿	zhèr	代	ここ，そこ
这些	zhè(zhèi)xiē	代	これら，それら
着	zhe	助	〜して（〜する）➡ p.68，〜している ➡ p.86

真	zhēn	副	本当に，じつに
真的	zhēn de		本当です
正	zhèng	副	～しているところだ
正在	zhèngzài	副	～しているところだ
政治	zhèngzhì	名	政治
只	zhī	量	～匹，～頭（動物などを数える）
	zhǐ	副	だけ
枝	zhī	量	～本（棒状のものなどを数える）
知道	zhīdao	動	知っている
纸	zhǐ	名	紙
中	zhōng	名	中
中国	Zhōngguó	名	中国
中国菜	Zhōngguócài	名	中華料理
中文	Zhōngwén	名	中国語
中文报	Zhōngwén bào		中国語の新聞
中文歌	Zhōngwén gē		中国語の歌
中午	zhōngwǔ	名	昼
中药	zhōngyào	名	漢方薬
中药店	zhōngyàodiàn	名	漢方薬の店
钟头	zhōngtóu	名	～時間（時間を数える単位）
种	zhǒng	量	種類
种类	zhǒnglèi	名	種類
周末	zhōumò	名	週末
周五	zhōuwǔ	名	金曜日
周一	zhōuyī	名	月曜日
竹子	zhúzi	名	竹，笹
住	zhù	動	泊まる，住む
住在	zhùzài		～に住んでいる，～に泊っている
准备	zhǔnbèi	動	～するつもりだ，準備する
准备好	zhǔnbèihǎo	動	準備し終える
桌子	zhuōzi	名	机
字	zì	名	字
自行车	zìxíngchē	名	自転車
粽子	zòngzi	名	ちまき
走	zǒu	動	行く，歩く
走累	zǒulèi	動	歩き疲れる
走着去	zǒuzhe qù		歩いて行く
足球	zúqiú	名	サッカー
最	zuì	副	もっとも
最近	zuìjìn	名	近頃，最近
昨天	zuótiān	名	昨日
昨晚	zuówǎn	名	昨夜
左	zuǒ	名	左
左边儿	zuǒbianr	名	左，左側
左面	zuǒmiàn	名	左，左側
左右	zuǒyòu	名	くらい
作业	zuòyè	名	宿題
坐	zuò	動	乗る，座る
坐电梯	zuò diàntī		エレベーターに乗る
做	zuò	動	作る，する，やる
做好	zuòhǎo	動	し終わる，し終える
做完	zuòwán	動	し終わる，し終える
做作业	zuò zuòyè		宿題をする

日本漢字と中国漢字(簡体字)対照表

日本の漢字			中国の漢字			日本の漢字			中国の漢字		
偏旁	例	字	偏旁	例	字	偏旁	例	字	偏旁	例	字
言	誰	語	讠	谁	语	褱	壞	懷	不	坏	怀
阝	陽	陸	阝	阳	陆	睘	還	環	不	还	环
𠂤	師	帥	丿	师	帅	𤇾	勞	營	艹	劳	营
𦰩	難	漢	又	难	汉	龍	龍	瀧	龙	龙	泷
雚	観	歓	又	观	欢	戠	識	職	只	识	职
幾	幾	機	几	几	机	金	鉄	鐘	钅	铁	钟
門	問	間	门	问	间	鳥	鶏	鳥	鸟	鸡	鸟
食	飯	餃	饣	饭	饺	巠	経	径	圣	经	径
昜	湯	場	汤	汤	场	東	東	陳	东	东	陈
馬	馬	駕	马	马	驾	戋	錢	浅	戋	钱	浅
糸	経	給	纟	经	给	買	買	売	买	买	卖
爲	爲	偽	为	为	伪	齊	済	剤	齐	济	剂
無	無	蕪	无	无	芜	頁	題	順	页	题	顺
專	專	伝	专	专	传	埶	熱	勢	执	热	势
車	車	転	车	车	转	堯	燒	暁	尧	烧	晓
貝	則	質	贝	则	质	喬	橋	驕	乔	桥	骄
見	覚	観	见	觉	观	僉	驗	劍	佥	验	剑
長	張	長	长	张	长	歯	歯	齡	齿	齿	龄
風	風	飄	风	风	飘	魚	魚	漁	鱼	鱼	渔
岡	岡	剛	冈	冈	刚	骨	骨	滑	骨	骨	滑
侖	論	輪	仑	论	轮	達	達	韃	达	达	鞑

中国語音節表

声母\韻母	a	o	e	-i [ɿ] [ʅ]	er	ai	ei	ao	ou	an	en	ang	eng	ong	i	ia	ie	iao	iou/-iu
								1（介音なし）											
b	ba	bo				bai	bei	bao		ban	ben	bang	beng		bi		bie	biao	
p	pa	po				pai	pei	pao	pou	pan	pen	pang	peng		pi		pie	piao	
m	ma	mo	me			mai	mei	mao	mou	man	men	mang	meng		mi		mie	miao	miu
f	fa	fo					fei		fou	fan	fen	fang	feng						
d	da		de			dai	dei	dao	dou	dan	den	dang	deng	dong	di	dia	die	diao	diu
t	ta		te			tai		tao	tou	tan		tang	teng	tong	ti		tie	tiao	
n	na		ne			nai	nei	nao	nou	nan	nen	nang	neng	nong	ni		nie	niao	niu
l	la	lo	le			lai	lei	lao	lou	lan		lang	leng	long	li	lia	lie	liao	liu
g	ga		ge			gai	gei	gao	gou	gan	gen	gang	geng	gong					
k	ka		ke			kai	kei	kao	kou	kan	ken	kang	keng	kong					
h	ha		he			hai	hei	hao	hou	han	hen	hang	heng	hong					
j															ji	jia	jie	jiao	jiu
q															qi	qia	qie	qiao	qiu
x															xi	xia	xie	xiao	xiu
zh	zha		zhe	zhi		zhai	zhei	zhao	zhou	zhan	zhen	zhang	zheng	zhong					
ch	cha		che	chi		chai		chao	chou	chan	chen	chang	cheng	chong					
sh	sha		she	shi		shai	shei	shao	shou	shan	shen	shang	sheng						
r			re	ri				rao	rou	ran	ren	rang	reng	rong					
z	za		ze	zi		zai	zei	zao	zou	zan	zen	zang	zeng	zong					
c	ca		ce	ci		cai		cao	cou	can	cen	cang	ceng	cong					
s	sa		se	si		sai		sao	sou	san	sen	sang	seng	song					
ゼロ	a	o	e		er	ai	ei	ao	ou	an	en	ang			yi	ya	ye	yao	you

2（介音 i）					3（介音 u）									4（介音 ü）			
ian	in	iang	ing	iong	u	ua	uo	uai	uei -ui	uan	uen -un	uang	ueng	ü	üe	üan	ün
bian	bin		bing		bu												
pian	pin		ping		pu												
mian	min		ming		mu												
					fu												
dian			ding		du		duo		dui	duan	dun						
tian			ting		tu		tuo		tui	tuan	tun						
nian	nin	niang	ning		nu		nuo			nuan				nü	nüe		
lian	lin	liang	ling		lu		luo			luan	lun			lü	lüe		
					gu	gua	guo	guai	gui	guan	gun	guang					
					ku	kua	kuo	kuai	kui	kuan	kun	kuang					
					hu	hua	huo	huai	hui	huan	hun	huang					
jian	jin	jiang	jing	jiong										ju	jue	juan	jun
qian	qin	qiang	qing	qiong										qu	que	quan	qun
xian	xin	xiang	xing	xiong										xu	xue	xuan	xun
					zhu	zhua	zhuo	zhuai	zhui	zhuan	zhun	zhuang					
					chu	chua	chuo	chuai	chui	chuan	chun	chuang					
					shu	shua	shuo	shuai	shui	shuan	shun	shuang					
					ru		ruo		rui	ruan	run						
					zu		zuo		zui	zuan	zun						
					cu		cuo		cui	cuan	cun						
					su		suo		sui	suan	sun						
yan	yin	yang	ying	yong	wu	wa	wo	wai	wei	wan	wen	wang	weng	yu	yue	yuan	yun

胡金定（こ　きんてい）
　　甲南大学
　　国際言語文化センター教授

吐山明月（はやま　めいげつ）
　　甲南大学
　　国際言語文化センター非常勤講師

楽しく話せる中国語　音声ダウンロード

2013年4月8日　初版第1刷発行
2022年3月18日　第6刷　発　行

著　者　胡金定・吐山明月
発行者　佐藤康夫
発行所　白帝社
　　〒171-0014　東京都豊島区池袋 2-65-1
　　電話 03-3986-3271　FAX 03-3986-3272
　　http://www.hakuteisha.co.jp/

印刷　倉敷印刷（株）　　製本（株）ティーケー出版印刷

Printed in Japan　　　　　　　　　　6914　ISBN978-4-86398-081-5
　　　造本には十分注意しておりますが落丁乱丁の際はおとりかえいたします。